Sango
ya
ekulusu

Sango ya ekulusu

Dr. Jaerock Lee

SANGO YA EKULUSU na Dr. Jaerock Lee
Ebimisami na Urim Books (Representante: Johnny. H. Kim)
253-3, Guro-dong3, Guro-gu, Seoul, Coree
www.urimbooks.com

Buku oyo na mobimba na yango to eteni, ekoki soko moke te kozala photocopier, kotiama na bisika oyo moto nioso akoki kozwa yango, to na masini,to ordinateur, ezala casete na internet, kaka soki mokomi na yango apesi nzela.
Kaka soko nzela mosusu epesami. Makomi nioso mazwami kati na Biblia Esantu, NEW AMERICAN STANDARD BIBLE, ©, Ba droits d'auteur ya 1960, 1962, 1963, 1968, 1971, 1972, 1973, 1975, 1977, 1995 na fondation Lockman. Esalemaka soki nzela epesami.

 Ba droits d'auteur © 2011 na Dr. Jaerock Lee
ISBN: 979-11-263-1343-3 03230
Droit d'auteur ya Traducteur© 2003 na Dr. Esther K. Chung. Ekosalelama soki nzela epesemi

.Na liboso ezalaki publier na monoko Coreen na Urim Books na 2002
Kobimisama ya liboso na Decembre 2003
Edition ya mibale na Septembre 2004
Edition ya misato na 2008
Edition ya Minei na Aout 2009
Edition ya Mitano na Juillet 2011

Ebimisami na Dr. Geumsun Vin
Ba desiner yango na bureau ya edition ya Urim Books
Soki bolingi koyeba mingi koleka botala na urimbook@hotmail.com

Preface

Nakolikia na bino ete bososola motema na Nzambe mpe mokano na ye monene kati na bolingo mpe botonga moboko monene na bondimi na bino.

Sango ya Ekulusu emema bato mingi o nzela ya lobiko wuta 1986 mpe etalisa ebele ya misala ya Molimo Mosantu na nzela ya ba croisade ebele na bikolo ya ba paya. Na suka, Nzambe Tata apambolaki ngai mpo ete nakoma yango. Napesi nkembo mpe matondi nioso epai na Ye.

Boto mingi balobaka ete bandimela Nzambe mokeli mpe bayebi bolingo ya muana na Ye Yesu Christo, kasi bakoki te koteya sango malamu na bopikiliki. Bongo, ezali kaka na baKristu moke ba oyo basosoli motema mpe mokano na Nzambe. Lisusu, baKristo misusu bakabwani na Nzambe mpo ete batikala kozwa biyano na mingi na mituna na bango kati na biblia te ata mpe kososola bikamwa kati na bolingo na mokano na Nzambe te.

Ndakisa, eloko nini okoloba soki batuni yo mituna oyo

misato: "Pona nini Nzambe atiaka nzete ya boyebi mabe na malamu mpe atikaki moto alia mbuma na yango?"

"Pona nini Nzambe asalaki lifelo ata ete apesaki mbeka muana na ye Yesu Kristu pona basumuki?" mpe "Pona nini Yesu nde kaka mobikisi?

Nakokaka te kososola mozindo ya mokano na Nzambe mpona bokeli mpe lisusu mokano na Ye oyo ebombama kati na ekulusu, na ba mbula ya ebandeli ya bokristu na ngai.

Nasima na ngai kobiangama lokola moteyi ya sango malamu, nabandaki komituna, "lolenge nini nakoki komema ebele na bato o nzela ya lobiko mpe kopesa Nzambe lokumu?" Eyaki kobotama Kati na ngai ete nasengelaki kososola makomi nioso kati na Biblia ata ba versets ya pasi mpe kolimbola yango nioso, kolandana na limbola na Nzambe, na mokili mobimba. Nakilaka mingi na lolenge nakokaki kokila mpe nabondelaki mpona yango. Ba mbula sambo elekaki mpo ete Nzambe abanda kolimbola yango.

Na 1985, kati na mabondeli makasi, natondisamaki na Molimo Mosantu. Nde Ayaki kolimbolela ngai sekele ya mokano na Nzambe oyo ebombama. Ezalaki "Sango ya Ekulusu". Nateyaki yango na mayangani ya togo ya eyenga nioso mpona ba poso 21. Casete ya "Sango ya ekulusu" ebongola bato mingi na

Preface

mboka mpe na bikolo ya ba paya.

Bisika nioso eteyamaki Molimo Mosantu azalaki kosala lokola moto ya makasi.Bato mingi batubelaki masumu na bango mpe ba bikisamaki na bokono to malady na bango. Babwakaki tembe na bango mpona mokano na Nzambe, bazwaki kondima mpe bomoi ya seko.Kino ngonga wana batikala koyeba Nzambe mpe mozindo ya bolingo na Ye te. Babandaki kososola mokano na Nzambe, kokutana na Ye, mpe kozwa elikya ya bomoi ya seko na Nzela ya mateya oyo. Soki bososoli malamu tina na Nzambe kotia nzete ya boyebi mabe na malamu kati na elanga na Edeni, bokososola mokano na ye na makambo etali moto, mpe bokolinga ye lisusu makasi koleka Lisusu, nakoyeba tina ya kobika na bino, bokokoka kobunda na masumu kino ata kotangisa makila, bokomeka kokokana na motema na Nkolo Yesu Christu, mpe bokozala sembo na Nzambe ata soki kufa.

Sango ya ekulusu ekotalisa bino sekele na Nzambe oyo ebombamaka kati na ekulusu mpe ekosunga bino mpona kotia moboko makasi mpona boKristu malamu mpe ya solo. Bongo, nani nani oyo akotanga buku oyo akososola mozindo ya mokano mpe bolingo na Nzambe, akozwa bondimi ya solo, mpe akovandisa mpe kobika boKristu oyo endimami na miso na Nzambe.

Napesi matondi na ngai nioso na DR. Geumsun Vin, directrice mpe ba oyo basalaka na ye na ndako ya edition Urim Books oyo basalaki makasi mpona kobimisa mosala oyo.

Tika ete bato mingi basosola mozindo ya mokano na Nzambe, bakutana na Nzambe na bomoi, mpe babikisama lokola bana na Nzambe ya solo- na nioso nabondeli na nkombo na Nkolo Yesu Kristu!

Jaerock Lee

Introduction

Sango ya Ekulusu ezali bwanya mpe nguya na Nzambe, mpe sango ya nguya oyo baKristu nioso na mokili mobimba basengeli koyamba!

Napesi matondi mpe nkembo na Nzambe Tata oyo Akambi biso mpona kobimisa Sango ya Ekulusu. Balingami mingi ya Manmin na mokili mobimba bazalaki kozela kobima na yango. Buku oyo ezali kopesa biyano ya kokoka na mituna mingi oyo baKristu mingi bazali komituna: 'Nzambe mokeli azalaka lolenge nini liboso na ebandeli?' 'Pona nini Nzambe akelaka moto mpe atikaki ye abika na mokili oyo?' 'Pona nini Nzambe atiaka nzete ya boyebi mabe na malamu na elanga na Edeni?' 'Pona nini Nzambe abongisaki mokano ya lobiko o nzela ya ekulusu na nzete?' mpe na mituna mingi koleka.

Buku oyo esalisami na mateya oyoetondisama na molimo oyo eteyamaki na Dr. Jaerock Lee mpe ekongengisa bino koyeba mpe kososolisa bino mpona koyeba mozindo, monene, mpe bolingo monene na Nzambe.

Chapitre 1, "Nzambe mokeli mpe Biblia," Ekotalisa bino Nzambe mpe lolenge nini asalaka kati na bino. Na nzela ya eteni oyo bokomona bilembo na Nzambe na bomoi mpe bokososola solo na kati na Biblia na mwinda na lisituale na bato.

Chapitre 1, "Nzambe akeli mpe akolisi bato," etatoli ete Nzambe akelaki biloko nioso na univer mpe asalaki moto na elilingi na Ye. Lisusu, eteni oyo ezali kolakisa bino tina mpenza ya bomoi na bato, mpe tina nini Ye akolisi bato lokola bana na Ye ya solo solo ya molimo.

Chapitre 3, "Nzete ya boyebi mabe mpe malamu," ezali kopesa biyano mpona moboko na mituna ya baKristu nioso: Pona nini Nzambe atiaka nzete ya boyebi mabe na malamu? Eteni oyo elimboli likambo mobimba mpe esungi bino mpona kososola mozindo mpe nkamua na mokano na Nzambe oyo azali kokolisa bato na mokili.

Chapitre 4, "Sekele oyo ebombana liboso na kobanda ya tango," Elimboli boyokani kati na mobeko ya kosikola mabele mpe mobeko ya molimo mpona lobiko na bato (Lewitiko 25). Ezali mpe lisusu kolimbola ete batu nioso basengelaki kokende nzela ya kufa pona masumu na bango, kasi Nzambe abongisaki nzela malamu oyo ya lobiko na bango wuta kala liboso na tango ebanda. Na suka, ezali kolakisa bino tina nini Nzambe abombaki nzela ya lobiko kino tango oyo Aponaki mpe lolenge nini Yesu akoki na kokokisa ya mobeko ya kosikola mabele.

Chapitre 5, "Pona nini kaka Yesu mobikisi na biso?" elimboli ndemge nini mokano na Nzambe oyo ebombanaki liboso na tango ebanda ekokisamaki o nzela ya Yesu, tina ya kobakama na Ye na ekulusu, lipamboli mpe makoki na bana na Nzambe, tina ya nkombo "Yesu Christu," tina Nzambe apesa nkombo mosusu te kaka nkombo na Yesu Christu na nse na moyi na oyo moto asengeli koboka, mpe bongo na bongo. Bokoyoka bolingo ezanga suka na Nzambe soki bososoli likambo ya molimo na sango elimbolami na eteni oyo.

Chapitre 6, "Mokano na Ekulusu," ekongengisa bino na mozindo mpona minyoko ya Yesu. Tina nini Yesu abotamaki o ndako ya ba nyama mpe alalisamaki na elielo na bango soki azalaki solo muana na Nzambe? Pona nini azalaki mobola bomoi na Ye mobimba? Pona nini abetamaki fimbo nzoto mobimba, alatisamaki montole ya nzube, mpe bapetaki ye sete na makolo mpe maboko? Mona nini anyokwamaki kino kotangisa makila mpe mai na Ye nioso?

Eteni oyo etalisi biyano ekoka na mituna eye mpe esungi bino bososola na molimo minyoko na Ye. Maladi mpe bokono ya lolenge nioso mpe lisusu bobola, kondongwana ya mabota, pasi na bombongo, mpe bongo na bongo ekosila o nzela ya bososoli mpe bondimi na bino likolo na minyoko na Yesu. Eteni oyo ekosunga bino boyeba mozindo ya bolingo na Nzambe, bomilongola na mabe ya lolenge nioso, mpe ekotisa bino kati na bo Nzambe.

Chapitre 7, "Maloba sambo ya suka Yesu alobaki na ekulusu," elimboli komikotisa ya molimo na maloba sambo ya suka na Yesu liboso ya kokufa na ekulusu. O nzela ya maloba sambo ya suka, akokisaki mosala oyo azwaki epai na Tata Nzambe. Eteni oyo ebetisi sete ete esengeli bososola bolingo monene ya Yesu moto, kozela bozongi na Ye, mpe bo bunda etumba malamu kino suka na elikya ya lisekwa.

Chapitre 8, "Kondima ya solo mpe bomoi ya seko," elobeli bino ete tokomi moko na mobali na biso ya libala Yesu Christu kaka na kondima ya solo. Biblia ekebisi likolo na basusu oyo bandimeli mobikisi Yesu Christu kasi bakoki te kobika na mokolo ya esambiselo. Biblia elobeli kaka te kolia nzoto ya muana na Nzambe

Chapitre 9, "Kobotama na mai mpe na molimo," nay ambo etalisi lisolo ya Yesu na Nicodeme.Na mokuse esilisi Sango ya Ekulusu. Mitema na bino esengeli ekomisama sika na nzela ya maimpe Molimo Mosantu kino tango Yesu akozonga mpe bosengeli kobatela na mobimba milimo na bino, milema, mpe nzoto na mbeba ten a bozingi na Nkolo Yesu Christu, tango oyo Nkolo akoyamba bino lokola basi na Ye bonsenga ya libala.

Chapitre 10, "Nini ezali kopengwa?" kota na mozindo ya

kopengwa mpe elobeli lolenga ba Kristu mingi basosoli mabe lokolo na yango. Lelo, Bato mingi bnasosoli mabe mpe batuki misala makasi na nguya na Nzambe lokola kopengwa to mabe na kokeba te mpo ete ba yebe te limbola ya kopengwa kati na Biblia. Eteni oyo ekebisi bino ete bosengeli te kotiola to kokatela mabe mosala ya Molimo Mosantu lokola bopengwi mpe elimboli lolenge kani bokoki kososola kati na Molimo na solo mpe ya lokuta, mpe likolo na mangomba ya bopengwi. Na suka eteni oyo ebetisi sete mpona kokeba mpe kobondela tango iso mpe kofanda kati na solo mpona kokweya te kati na komekama ya molimo na lokuta.

Ntoma Polo alobaki likolo na sango ya ekulusu, bwanya na Nzambe, na 1 Bakolinti 1:18, "Mpo ete liteya ya ekulusu ezali bolema epai na babebi, kasi epai na biso bato tozali kobika, ezali nguya na Nzambe." Moto nani nani akoki kozala na kondima ya solo, kokutana na Nzambe na bomoi mpe kosepela bokristo na kokoka, tango asosoli sekele oyo ebombana kati na ekulusu mpe asosoli mozindo na mokano ya bolingo monene na Nzambe mpona moto.

Sango ya Ekulusu ezali moboko na malakisi ya bomoi na bino. Bongo, nabondeli na nkombo na Nkolo ete botia moboko ya boKristu na bino mpe bokoma na lobiko ekoka mpe bomoi ya seko.

Geumsun Vin
Mokambi ya maye matali makomi

Kati

Preface

Introduction

Chapitre 1 _ **Nzambe mokeli mpe Biblia** • 1

1. Nzambe azali mokeli
2. NAZALI
3. Nzambe Azali oyo Azalaki mpe Akozala
4. Nzambe Azali mokomi Bilia
5. Maloba nioso kati na Bilia ezali solo

Chapitre 2 _ **Nzambe akeli mpe akolisi bato** • 25

1. Nzambe Akeli bato
2. Pona nini Nzambe akolisi bato?
3. Nzambe akaboli masango na matiti

Chapitre 3 _ **Nzete ya boyebi mabe mpe malamu** • 43

1. Adamu na Eva na elanga na Edeni
2. Adamu aboyi kotosa na kopona na ye moko
3. Lifuti ya masumu ezali kufa
4. Pona nini Nzambe atiaka nzete ya boyebi malamu mpe mabe na elanga na Edeni?

Chapitre 4 _ **Sekele oyo ebombama liboso na tango ebanda** • 69

1. Mpifo ya Adamu epesami na Zabolo
2. Mobeko ya kosikola mabele
3. Sekele oyo ebatama liboso na kobanda na tango
4. Yesu Akoki kolandana na mobeko

Chapitre 5 _ **Pona nini kaka Yesu nde mobikisi na biso** • 89

1. Mokano ya lobiko na nzela ya Yesu Christu
2. Pona nini Yesu abakamaka na ekulusu ya nzete?
3. Kombo mosusu te na mokili bobele "Yesu Christu"

Chapitre 6 _ **Mokano ya Ekulusu** • 111

1. Mbotama o ndako ya ba nyama mpe alalisami na elielo
2. Bomoi ya Yesu kati na bobola.
3. Abetisami fimbo mpe Atangisi makila
4. Alati motole na nzube
5. Elamba mpe mokoto na Yesu
6. Babeti sete na maboko mpe makolo
7. Makolo na Yesu ebukani te kasi mopanzi na Ye etobolami

Chapitre 7 _ **Maloba sambo ya suka ya Yesu na Ekulusu** • 159

1. Tata, limbisa bango
2. Lelo okozala na ngai na Paradiso
3. E Muasi, tala muana na yo ya mobali;
4. E muana, mama na yo.
5. Eli, Eli, Lama Sabakatani?
6. Nayoki posa na mai
7. Esili
8. Tata, kati na maboko na yo natiki molimo na ngai.

Chapitre 8 _ **Kondima ya solo mpe bomoi ya seko** • 191

1. Sekele ya motindo nini oyo!
2. Matatoli ya lokuta ememaka na lobiko te
3. Nzoto mpe makila na muana na moto
4. Bolimbisi kaka na kotambolaka kati na pole
5. Kondima na misala ezali kondima ya solo

Chapitre 9 _ **Kobotama na mai mpe molimo** • 247

1. Nicodeme ayei epai na Yesu
2. Yesu asungi Nicodeme' Bososoli ya molimo
3. Tango obotami na mai mpe Molimo
4. Misato ekotatola: Molimo, Mai, mpe Makila

Chapitre 10 _ **Nini ezali kopengwa?** • 265

1. Kopengwa kolandana na Biblia
2. Molimo na solo mpe molimo na lokuta

Chapitre 1

Nzambe mokeli mpe Biblia

"Na ebandeli Nzambe akelaki ba likolo mpe mabele.."
Genese 1:1

Bato mingi na mokili oyo babetaka sete ete Nzambe azali te. Ezali mpe na basusu oyo ba ngumbamelaka ba Nzambe oyo ba salami na bato to bakosala bilili ya bikelamu na Nzambe mpe bakongumbamela yango lokola ba nzambe. Ata soki tokoka komona ye te, Nzambe solo azali na bomoi, mpe ezali na Nzambe moko oyo tosengeli ko ngumbamela.

Nzambe azali mokeli na univer, ya biloko nioso, mpe ya moto. Azali mokambi mpe zuzi ya makambo nioso .

Nzambe azalaka lolenge nini ? Solo,ezali pete te pona moto alimbola Nzambe.Moto azali ekelamo ya pamba. Nzambe Azali likolo ya bosuki nioso na moto.Nzambe azali na suka te mpe azali na mondelo te. Ata boni tokotala na mayele na biso,tokoki te koyeba mpenza Nzambe.

Ata soki tokoki te koyeba mpenza Nzambe, ezali na makambo oyo esengeli na biso koyeba lokola bana na Nzambe. Makambo yango ekolimbolama na molayi.

1. Nzambe mokeli

Lelo, ezali na babuku mingi na mokili,kasi buku mosusu te kaka biblia nde epesi bino biyano malamu mpona ebandeli mpe kokelama na univer, mpe ebandeli mpe suka na bato.

Biblia epesi eyano malamu na motuna ya ebandeli na univer mpe ya bomoi. Genese 1:1 elobi ete, "Naebandeli Nzambe akelaki ba likolo mpe mabele" mpe Baebele 11:3 etangami, " Na kondima tososoli ete mikili ebongisamaki na liloba na Nzambe, bongo biloko tokotalaka na miso bibimaki na biloko bikomonana te

Ezali te nioso tomonaka na miso nde esalama na oyo ezalaka. Bikelamaka kowuta na eloko te na motido na Nzambe.

Moto akoki kosala eleko tango eloko mosusu ezali, bongo, na kobongola to kosangisa biloko oyo bisi bisalama mpona kosala eloko, kasi akoki te kosala eloko tango eloko ezali te.

Ekoki te kosalama ete moto akela eloko na bomoi kati na yango. Ata soki abimisi technologie ya kokaka ya bato na mayele mpona kosala (mayele oyo bato basala). Ordinateur to clonage ya muana na mpate, akoki te kokela ata amibe tango eloko ezali te.

Na yango, bato bazali kolongola biloko na bomoi na oyo Nzambe asi asalaki,mpe ba sangisi yango nab a ndenge mingi.

Bosengeli koyeba ete koleka wana ezali te.

Bilembo oyo ememaka bino na kondimela Nzambe Mokeli

Biloko nioso- ndako, mesa, ata sete esalami na moto. Ekomonana mpe ete esengeli ezala na mokeli ya univer monene oyo. Esengeli ezala na nkolo oyo akelaki yango mpe akokambaka yango.Oyo ezali Nzambe Mokeli oyo Biblia elobelaka bino tango nioso.

Tango bokotalaka bipai bipai, ezali bilembo mingi ya kokela. Na ndakisa ya pasi te, tala ebele na bato mingi kati na mokili. Na kotalaka langi ya poso, mbula, muasi to mobali, kotombwama, mpe bongo na bongo, moto nioso azali na miso mibale, matoyi mibale, zolo moko na mbuma zolo mibale, mpe monoko moko.

Ata soki nyama moko na moko bikoki kozala na bokeseni moke kolandana na lolenge na biango, bizali na ndenge ya elongi moko. Ndakisa, nzoko azali na zolo molayi kasi ezali na kati kati ya elongi na ye, mpe likolo ya monoko na ye. Ezali likolo na miso na ye te, na nse ya monoko na ye, to likolo ya moto na ye. Nzoko nioso azali na mabusu mibale kati na zolo, miso mibale, two ears, mpe monoko moko. Ba ndeke na likolo, ba mbisi nioso na ocean to ebale, bazali na structure moko.

Kaka nyama moko moko te nde bazali na lolenge ya elongi moko te, kasi ata systeme digestive mpe ya kobota bizali lolenge moko.Na lolenge moko , baliaka na minoko na bango mpe nioso ekotaka na monoko ikitaka na libumu mpe ebimaka libanda na nzoto. Nyama nioso asanganaka na molongani na ye mpe bakobota bakitani na bango.

Tango bosangisi makambo oyo bimonani na miso bisika moko, bokokoka te koloba ete ezali kaka libaku malamu to oyo babengi evolution nakolobaka ete "oyo aleki makasi nde akobika." Eloko moko te kati na makambo oyo ekoki ko limbolama na theory ya evolution.

Bongo, likambo oyo ya kolobaka ete bato mpe ba nyama bazali na tructure organique moko ekoki mpona kolakisa ete biloko nioso masalakaki epai na Nzambe Mokeli. Soki Nzambe azalaka Nzambe moko te kasi moko kati na ebele, bikelamo bikokaki kozala na ba organe, mpe structure ya ba nzoto mpe position ya kokesana.

Lisusu, tango botali malamu na mokili mpe univer, bokoki komona kutu, mingi ya bilembo ya kokelakati na bango. Boni boni malamu ezali ya koyeba ete makambo nioso na systeme solaire lokola kobaluka na mabele to kozunguluka na yango bisalamaka na ereur moko te!

Botala sa na maboko na bino. Kati na yango ezali na biteni mingi. Ekosala te soki ata eteni moke ezangi. Bongo, univer oyo esalamaki mpona kosala na nse na makano na Nzambe.

Ndakisa, moto to forme ya bomoi moko te ekoki kozala soki sanza ezali kobaluka zinga zinga mabele te. Sanza ekokaki te kozala mua mosika to pembeni yam abele na bisika oyo ezali sik'awa. Nzambe atiaki yango bisika wana mpo ete moto akoka kobika na mabele.

Mpona bisika oyo sanza ezali, bobaluki na yango ekosalaka komata to kokita na mai ya bibale minene.Likambo yango esalaka ete mai monene epetolama.Na boye, biloko nioso kati na univer bisalamaki pona kotambola kolandana na mokano na Nzambe.

Pona nini Basusu bandimaka te Nzambe mokeli?

Bato misusu bandimaka Nzambe mokeli mpe bakobika kolandana na liloba na ye. Pona nini bato, oyo bakoki kokanisa mpe koluka biyano ya makambo nioso kati na scince, bandimelaka Nzambe mokeli te?

Soki boyekola ete Nzambe azali na bomoi mpe mokeli na nguya nioso epai na baKristu ya molende wuta bo muana, ekozala pasi te mpona kondimela Nzambe mokeli.

Ata bongo, lelo, mingi kati na bino bakweya kati na evolutionisme wuta ba mbula ya bolenge na bino, mpe ezali na mingi ya boyebi oyo ezali nioso mpenza solo te. Bozali mpe kosangana nab a oyo bandimelaka Nzambe to bakobetaka Ye tembe.

Na sima na bino kobika na bisika ya boye, soki bokeyi na ndako na Nzambe mpe boyoki liloba, bokozala tango nioso na tembe mpe na kobunda bunda kati na bino mpe bokoki te kondimela Nzambe mokeli mpo ete boyebi na bino yak ala ezali kotelemela oyo bozali koyoka na ndako na Nzambe.   Soki bolongoli makanisi to boyebi oyo boyekolaki na mokili te,ata soki bomeseni koya na ndako na Nzambe, bokokoka te kozala na kondima ya molimo-oyo ewutaka na Nzambe- yango ezalaka na tembe moko te.

Bokokoka te kondima bokonzi na likolo to lifelo soki bozali na kondima ya molimo te. Bokomona mokili oyo emonani na miso lokola mokili kaka moko, mpe bokobika na lolenge na bino moko.

Mbala boni bomonaka ba theory oyo eyebana mpe endimama na kala, elongolama mpe batia mosusu na sima ya kozwa oyo ya sika? Ata soki yango ezali mpenza yakokoka te, ezali ya solo ete ba theory oyo bato nioso bandima ezali kobongolama mbala na mbala to bakobakisaka makambo ya sika oyo basosoli na sima.

Na koleka na tango mpe kokola na mayele, bato bazali koya na malimboli mpe theory malamu koleka ata soki bikoka te. Nakoloba te ete ba recherché ya baton a mayele mingi ezali nioso lokuta. Ezali na makambo mingi na mokili oyo ekoki te kolimbolama na makoki na moto, bongo bosengeli koyeba likambo oyo.

Ndakisa, na oyo etali univer, botikala te kokoma na na mosika ya ngambo mosusu na likolo, to botikala kozonga na tango na kala kala te. Kasi, bato bakomekaka kolimbola univer na mayele mpe ba hypothese kili kili.

Liboso na moto akenda na sanza, tozalaki kobanza ete, "Esengeli ezala nab a organe na bomoi kuna to bikoki kozala na bisika koleka moi mosika na mabele." Kasi, na sima na mobembo na moto na sanza, topesaki sanzo ete, "Ezali na organe moko te na bomoi kati na yango awa". Mikolo oyo baton a mayele bakolobaka ete, "Ezali na libaku malamu ete ezala na Mars" to" Ezali na bilembo ya main a planet ya motane."

Ata soki boluki tango molayi mpe bomatisi mayele na bino, soki boyebi te mokano, bo Nzambe, to nguya na Nzambe mokeli, bokosuka na komonaka bosuki na makoki na bato.

Bongo, Baloma 1:0 etangi ete "Mpo ete longwa na tango wana esalaki ye mokili, makambo na ye mazangi komonana, yango nguya na ye ya seko mpe bonzambe na ye, asili koyebisa yango polele epai na makanisi na bato kati na misala na ye. Bongo bazali na mokalo te."

Moto nani nani oyo afongoli motema na ye mpe akobanza na motema akokoka koyoka nguya na Nzambe mpe bo Nzambe na Ye o nzela ya bikelamo lokola moi, sanza, mpe minzoto- biloko oyo Nzambe alingaki bino boyeba bozali na Ye.

2. Nazali Oyo Nazali

Nakoyokaka likolo na Nzambe Mokeli, bato mingi bakoki komituna, "Azalaki lolenge nini na ebandeli?" "Awuta wapi?" to "Na lolenge nini Azalaka?"

Makanisi mpe boyebi na moto ekoki te koleka mondelo moko boye, oyo ekolobaka ete esengeli kozala na ebandeli mpe suka na bozali nioso. Bongo, tokosengaka biyano malamu na mituna eye. Kasi, Nzambe azali na koleka bososoli na bato, bongo Azali oyo

"Azalaki" "azali", mpe "akozalaka."

Esode 3 etalisi likambo oyo Nzambe apesi mitindo na Mose mpona kokamba bana naIsraelekati na mabele ya kana. Mose azongisa motuna epai na Nzambe eyano nini esengeli ayanola ba Isalele soki batuni ye motuna likolo na nkombo na Nzambe.

Na ngonga oyo, Nzambe Ayebisi Mose ete, Nazali oyo Nazali," mpe apesi motindi ya kolobela Isalele, "Nazali atindi ngai epai naBino" (esode 3:14)

"Nazali" ezali liloba oyo Nzambe asalelali mpona komitalisa, mpe etalisi ete moto te abota Ye, to akelaYe,kasi Azali oyo akoka, Ye moko Mokeli.

Nzambe Azalaki Pole na Mongongo na Ebandeli

Yoane 1:1 etangi ete, "Na ebandeli ezalaki liloba, mpe liloba ezalaki na Nzambe." Na lolenge oyo, Nzambe oyo azalaki na Liloba na ebandeli azalaki oyo Azalaki kozala na kokoka Ye moko na kokelama te. Lolenge mpe bisika nini abandaki?

Nzambe Azali Molimo, nde azalaki na lolenge ya Liloba na dimension ya minei, mokili ya molimo, na dimension ya misato te oyo ezali komonana. Nzambe azala na forme moko te kasi lokola mwinda ya mozindo mpe kitoko na mongongo epetolama mpe ekoyokanaka malamu, mpe Azalaki kokonza univer mobimba.

Bongo, Yoane 1:5 elobi, "Oyo mpe ezali sango esili biso koyoka epai na Ye, mpe ezali biso kosakolela bino ete Nzambe Azali Mwinda, mpe kati na Ye molili ezali soko moke te." Ezali na limbola ya molimo mpe elobeli lolenge na Nzambe oyo Azalaki pole na ebandeli.

Na ebandeli, Nzambe Azalaki Mwinda na Mongongo kati na yango. Mongongo na Ye epetolama, malamu, na sembe sembe, mpe ekonganga na univer mobimba. Ba oyo basi bayoka mongongo na Nzambe bakoki kososola yango.

Nzambe Azalaka ye moko liboso na kobanda na tango

Nzambe mokeli Azalaka liboso na tango ebanda, akanisaka kokolisa bana na Ye ya molimo ya solo mpe ekobakina kosala yango. Na yango, soki bososoli solo Nzambe NAZALI, bosengeli kobuka lolenge na bino moko ya kokanisa, ba theory, ata makanisi oyo elongwaka te mpe bosengeli kondima misala ya kokela oyo Nzambe asala.

Nakokesana na biloko oyo Nzambe Asala, biloko oyo moto asala bizali na kosuka na yango mpe kosila. Lokola boyebi mpe civilization na bato ekokoba na kokola, biloko oyo eleki malamu bizali kosalama kasi bizali kaka na kosuka mingi kati na yango.

Bamosusu basalaka ba Nzambe ya bikeko na wolo, palata, motako, mpe ebende mpe bakobenga yango banzambe liboso na biye bakofukamaka mpe bakobondela mpona mapamboli.

Ata soki bakolobaka ete bazali na bwaya, bato solo bakoki te kososola kati na solo mpe lokuta, kasi bazali kutu kosala bikeko mpe ba bengi yango ba nzambe oyo bazali kongumamela (Baloma 1:5-6).Boni pasi mpe bozoba yango ezali?

Bongo, soki bato ba ngumbamelaki mpe basalelaki ba nzambe ya lokuta mpo ete bazalaki na bososoli ya Nzambe te, basengeli kotubela mpenza mpona yango, bangumbamela Nzambe NAZALI, mpe basala mosala ya bana na Ye.

Nzambe Mokeli oyo Akela univer mobimba Azali yakokoka oyo Azalaka liboso na ebandeli na tango, mpe azali moyebi na nioso mpe na makoki nioso. Biblia ekomi ebele na bikamwa mpe bikamwisi ekoki te kosalema na nguya mpe mayele na bato.

Misala mina ya Nzambe oyo Azalaki mpe oyo na nguya nioso oyo azali lolenge moko lob,i mpe lelo misalema na tango ya boyokani ya sika mpe na oyo ya kala o nzela ya basali mingi oyo bazalaki na nguya na Ye.

Oyo, lokola Yesu alobaki na Yoane 4:48, "Soko bokomona bilembo mpe bikamwisi te, bokondima te." Bato bandimaka ten de kaka soki bakomona bilembo mpe bikamwisi na Nzambe na nguya nioso.

Nzambe atalisi bikamwa mpe bilembo ya nkamua

Esode etalisi na mozindo ete Nzambe moyebi nioso and Oyo Azali asalaka bikamwa mpe bilembo o nzela ya Mose tango azalaka kobimisa Ba Isalele libanda na Ejipito na mabele ya Kana.

Ndakisa, tango Nzambe atindaki Mose epai na Falo, mokonzi ya Ejipito, Abetaki makama zomi na ekolo na ye, Asalaki ete bana Isalele batambola na mabele ya kokawuka na kokabolaka mai motane mpe asilisaki mapimga ya somo na Ejipito na mbonge monene.

Ata na sima ya kobima, mai ebimaki na libanga tango Mose abetaki yango na lingenda na ye, mai bololo ebongwaki na mai kitoko, mpe mana ekitaki na likolo mpo ete ba milio na bato bakoka kobika na komitungisa mpona bilei te.

Na sima na boyokani yak ala, tomoni Nzambe kopesa makasi na Elia mpona kosakola mbula misato na ndambu ya bikawuki, na sima anokisaki lisusu mbula na nzela ya libondeli na ye, mpe asekwisaki bakufi.

Na boyokani ya sika, tomoni Yesu, Muana na Nzambe, kosekwisa Lazaro oyoakufaki mikolo minei,kofungolamiso na mokufi miso,mpe kobikisa bato ebelena malali mingi, bokakatani, mpe milimo mabe. Atambolaki na mai mpe akitisaki mopepe mpe ba mbonge.

Nzambe asalaki bikamwa mingi na maboko ya Paulo, mpo ete tango bilamba to matambala ezalaki kosimba nzoto na ye, malali elongwaki bango mpe milimo mabe mibimaki (Misala 19:11-1). Bilembo mingi mizalaki kolanda Petelo oyo azalaki moko ya bayekoli na Yesu. Bato bamemaka babeli na nzela mpe balalisaki bango nab a mbeto mpe bitikwala mpo ete ata elilingi na Petelo eleka bango tango azalaki koleka.

Kasi, Nzambe asalaki bikamwa mpe atalisaki bilembo na nzela ya setefano mpe filipo kati na Biblia, mpe azali kokoba na kolakisa mwango na nzela ya lingomba na biso ata lelo.

4. Nzambe azali nkolo na Biblia

Nzambe azali Molimo, bongo amonanaka te kasi Amitalisaka tango nioso na lolenge mingi. Nzambe na momesano Amitalisaka o nzela ya nature mpe matatoli ya bato oyo babiki mpe bazwi biyano epai naYe. Amitalisaka mpe na malamu kati na Biblia.

Boye, kati na Biblia, bokoki koyeba Nzambe ya solo, bokutana na Ye mpe bozwa lobiko mpe bomoi ya seko na kososola mosala na Nzambe.Lisusu, bokoki kobika bomoi ya kokende liboso, mpe bopesa nkembo epai na Nzambe, na kososolaka motema na Nzambe mpe bososola lolenge nini bokoki kolinga Ye mpe bolingama na Ye (2Timote 3:15-17).

Makomi mipemama na Nzambe

2 Petelo 1:1 elobi ete "Mpo esakoli moko te ebima na mokano na moto, kasi bato bauti na Nzambe balobi wana epesamelaki

bango na Molimo Mosantu," mpe 2 Timote 3:16 etangi "Makomi nioso mapemami na Nzambe," Elingi koloba ete Biblia kobanda na Genese kino Emoniselo mizali liloba na Nzambe oyo ekomamaki kaka na mokano na Nzambe.

Na yango ezali na maloba mingi lokola "Nzambe alobi", "NKOLO alobi", mpe "NKOLO Nzambe alobi." Miango mitalisi mpenza ete Biblia ezali liloba na moto te kasi ya Nzambe.

Biblia ezali na ba buku tuku motoba na motoba, ezali tuku misato na libwa na Boyokani yak ala mpe tuku na mibale na sambo na boyokani ya Sika. Bakomi na yango bakoki kozala 34. Mpe tango ekomama ekokikozala kati nab a mbula 1500 Avant.J kino 100 Apres.J. Ya malamu ezali ete ata siki bakomi ebele bakomaki yango, Biblia na mobimba na yango elandani malamu ko banda ebandeli kino suka, mpe verset moko ekokani na misusu.

Yango ekokaki kosalema bongo mpo ete mokomi ya solo ya Biblia ezali Nzambe, mpo ete Molimo Mosantu akamba mitema na bakomi mpe asangisa maloba bisika moko. Oyo esengeli na bino koyeba, ezali ete bakomi na Biblia bazali kaka bakomi ya pamba oyo bakomela Nzambe kasi mokomi ya yambo ezali Nzambe.

Tika tozwa ndakisa.Toloba ete ezali na mama moko mokolo oyo azali kobika na mboka. Atindi mokanda na muana na ye ya suka na engomba. Ayebi kokoma te, nde alobi maloba ya mokanda na ye epai ya muana na ye ya mobali mokolo. Tango muana ya suka akozwa mokanda, akokanisa ete mama na ye atindeli ye mokanda, kasi kulutu na ye ya mobali te, ata soki ekomamaki na ndeko na ye. E4zali lolenge moko na Biblia.

Mokanda ya bolingo na Nzambe etonda mapamboli mpe bilaka.

Biblia ekomama na basali na Nzambe oyo batondisama na Molimo Mosantu mpona kotalisa Nzambe Ye moko.
Liloba na Nzambe ezali Molimo mpe bomoi (Yoane 6:63), bongo nani nani oyo akoyoka mpe akondima yango, akozwa bomoi ya seko na molema na ye kozwa bomoi ya kofuluka. Nani nani oyo akondima mpe kotosa liloba na Nzambe akobika bomoi ya kofuluka mpe akozala moto na Nzambe oyo akoka na lolenge ya Yesu Christu.

Nzambe ayaka na mokili oyo na mosuni mpona komitalisa epai na moto, mpe mosuni wana ezali Yesu. Filipo, moyekoli na Yesu, ayebaki yango te mpe asengaki Yesu alakisa ye Nzambe. Asosolaki te ete Yesu azalaki Nzambe na mosuni, lokola kokokisa lisese oyo elobi ete "Mwinda engengaka na moboko na yango te."

Yoane 14:8 mpe makomi oyo elandi etalisi lisolo kati na Filipo mpe Yesu:

Filipo ayebisi ye ete,"Nkolo, talisa biso Tata mpe ekokoka biso." Yesu alobi na ye ete nazali Na bino ntango molai boye, nde yo Filipo oyebi naino ngai te? Ye oyo amoni ngai asili komona Tata;. Mpona nini olobi ete, monisa biso Tata? Ondimi Te ete Ngai nazali kati Na Tata, mpe Tata kati na Ngai? Maloba oyo Nalobeli bino, nasololi yango na monoko na ngai moko te. Kasi Tata oyo Afandi kati na ngai Akosalaka misala na Ye.

Ata ete Yesu apesa biso bilembo ya kokoka ete Ye na Nzambe bazali moko na kosalaka bikamwa oyo ekokaki te kosalema soko nguya na Nzambe te, Filipo alingaki Ye atalisa Tata. Yesu alobelaki ye ete andimela malakisi na Ye na misala ya bikwama.

Nzambe ayaki na mokili oyo na mosuni mpona komitalisa ye moko mpe Nzambe alingaki Biblia ekomama mpo ete ekoki te kosalema mpona bato bamona Ye na miso na bango.

Bongo, bokoki kozwa mapamboli mpe biyano oyo Nzambe Alaka kati na Biblia tango bozali na boyokani malamu na Nzambe na bomoi o nzela ya Biblia, boyeba mokano mpe bo Nzambe na Ye, mpe bolanda Liloba na Ye.

3. Liloba nioso kati na bibila ezali solo

Makomi yak ala asali ete bozala na boyebi na bato to makambo oyo masalemaka na tango moko eleka. Lisituale ezali limbola ya mbongwana na ba tango mpe ezali kosunga bino boyeba na mozindo makambo, bato, to ba condition ya kobika nab a tango wana.

Lisituale ya bato etalisi ete Biblia ezali solo.. Bokomona ete Biblia elobeli makambo ya kala mpe solo, mingi tango bokotala na bokebi, makambo ya kowelana, ya bato, bisika,to bokoko oyo ekomama kati na Biblia.

Boyokani ya kala epesama na bakitani kolandana na makambo ya solo lokola maye masalemaki na moto moko, bato ebele, to lisanga kobanda tango na Adamu na Ewa, Israele endima Boyokani ya kala lokola mokanda ya lisituale na bango mpe bokitani na bango kino lelo. Ata bato na lisituale bandimaka Biblia lokola moto malamu.

Ya yambo, kolandana na Biblia, nakolinga kokabola lisituale ya Yisalele na bino mpe kotalisa ete liloba na Nzambe kati na Biblia ezali solo.

Adamu tata na bato asumukaka liboso na Nzambe, bongo bakitani na ye bato nioso bakendeki na nzela ya masumu mpe babikaki na kozanga koyeba Nzambe Mokeli na bango. Kakana tango wana, Nzambe aponaki ekolo moko mpe alingaki kotalisa mokano mpe bo Nzambe na ye na nzela na yango.

Yambo, Nzambe abengaka Abalayama oyo azalaki na "elanga ya motema malamu", apetoli ye, mpe atie ye lokola tata na ba ndimela. Abalayama azalaki tata na Izaka, Izaka tata na Yacobo, mpe Nzambe abengaki Yacobo "Yisalele" mpe asalakimaboto zomi na mibale kowuta na bana oyo.

Tango Yacobo azalaki na bomoi, Nzambe apusaki ye na Ejipito mpeapesaki ye nzela ya kosala ekolo na kobakisa bakitani na ye mpe na suka amemaki bango na mabele ya kana.

Nzambe apesaki Mibeko epai na Mose natango azalaki kobika na lisobe, ekembisaki baYisalele babika kolandana na liloba na Ye, mpe akambaki bango kaka na Liloba na Ye.

Na sima na bango kokambama na mabele ya Kana, bafulukaki kaka tango batosaki mobeko. Tango Yisalele asalelaki bikeko mpe mabe, makasi na ye lokola ekolo ekitaki mpe bakotelaki ye epai nab a paya mpe amonaki pasi. Bayisalele bakangemaki to bamemanaki na boumbu. Tango batubelaki, ekolo na bango ezongaki ekolo.Mpe likambo oyo ezalaki kozongelama.

Bongo, Nzambe azali kolakisa bato o nzela ya lisituale ya Yisalele ete Nzambe azali na bomoi mpe azali kokamba nioso na Liloba na Ye.

Bokoki mpe komona ete bisakoli nioso kati na Biblia bikokisama to bizali na nzela ya kokokisama. Ndakisa, na Luka 19:43-44, Yesu alobeli kokweya na Yelusalema nakoloba ete:

Mpo ete na mikolo mizali koya na yo bayini na yo bakosala lopango monene na mabele, mpe bakozinga yo, na kokangisa yo bipai nioso, mpe bakobwaka yo na nse na bana na yo na kati na yo, mpe bakotika libanga moko na likolo na libanga mosusu kati nay o te, mpo ete oyebaki mokolo na koya na Nzambe kati na yo te.

Na makomi miye, Yesu alobeli lolenge kani engomba na Yelusalema ekobeba mpona bomati ya mabe na bango.

Lisakoli ekokisamaki na 70 A.JC, tango General Tito ya bokonzi ya Loma atindaki bato na ye batonga lopango monene ya mabele contre Yelusalema, bazinga ye, mpe baboma bato mingi kati na lopango.

Yesu alobi na Matai 24:32 ete, "Boyoka liteya uta na nzete na mosuke. Wana etape na yango ekolemba mpe ekobimisa nkasa na yango, boyebi ete ntango ya moi makasi elingi kobelema." Nzete na mosuke awa etalisi ekolo na Yisalele, mpe lisese oyo elakisi ete ekolo na Yisalele ekozwa bonsomi tango kozonga ya mibale na Yesu ekokoma pene pene. Na suka, lisituale etatolaki ete Liloba na Nzambe ekokisamaki tango Yisalele oyo ekweyaki na mbula 70 A.JC. Ezongaki ekolo na lolenge ya nkamwa na le 14 Mai, 1948- mbula 1900 na sima ya kobebisama na yango.

Masakoli ya boyokani ya kala mpe kokokisama na yango na boyokani ya sika

Natatoli ete liloba na Nzambe kati na Biblia ezali solo na kotanga lolenge nini masakoli ya boyokani ya kala mikokisami na tango ya Boyokani ya sika.

Mobeko ya boyokani ya k ala ezalaki lolenge malamu te mpona "kozwa bana na Nzambe ya solo."Ezalaki kaka elilingi ya kotalisa Nzambe.Tala tina Nzambe alakaka boyei ya Masia kati na Boyokani ya Kala. Tango ngonga ebelemaki, atindaki Yesu Christu na mokili oyo mpona kobatela elaka na Ye.

Ezali ya komonana eteYesu ayaka na mokili oyo na mbula 2000 eleka. Lisituale ya bikolo na mindele ekabolama na biteni mibale ya minene kolandana na mbotama na Yesu. "A.JC.elakisi liboso na Christu, koloba ete lisituale liboso na tango ya Yesu, tango "après JC. Elakisi: sima ya mbotama na Nkolo. Ata lisituale yango moko etalisi mbotama na Yesu.

Tika totala naino na Genese 3:15:

Nakotia mpe koyinana kati na yo mpe mwasi, mpe kati na libota na yo mpe oyo ya ye; ye mpe akotuta moto na yo, mpe okoswa ye na litindi na ye.

Eteni esakoli ete Mobikisi na biso, lokola mokitani na muasi, akoya kobebisa nguya na kufa. "Muasi" na eteni oyo elakisi Yisalele. Kutu, Yesu ayaki na mokili lokola muana na Yosefe oyo azalaka ya libota na Yuda na Yisalele.(Luka 1:26-32).

Yisaya 7:14 etangi, "Bongo, Nkolo ye moko akopesa bino elembo.Tala muana muasi moseka akobota muana mobali, mpe akobenga Ye "imanuele".

Oyo elakisi ete Muana na Nzambe akotindama mpona komema masumu na bato na kobotama o nzela ya Molimo

Mosantu. Bongo, Yesu abotamaka na Moseka Malia na nguya na Molimo Mosantu.

Yesu asakolamaki ete akobotama na region ya Beteleme, lokola Mika 5:2 etangi

Mpo yo, Beteleme efelata, ozali moke kati na mabota na Yuda; uta na yo moko akobima mpona ngai oyo akozala mokolo na mokili kati na Yisalele;Ebandeli na Ye ezalaki kalakala, longwa na mikolo na kala mingi.

Na kokokisa maloba oyo, Yesu abotamaki na Beteleme, na Yudai na tango ya mokonzi Elode.Ata lisituale etalisi yango. Kokatama ya kingo ya bana mike epai na mokonzi Elode na tango na mbotama na Yesu (Yilimia 31:15; Matai 2:16), Kokota na Yesu na Yelusalema (Jekalia 9:9; Matai21:1-11), mpe komata na Yesu na Likolo (Njembo 16:10; Misala 1:9) misakolamaka mpe mikokaki lolenge moko.

Lisusu, lifiti ya Yudas Iscariot, oyo azalaka mbula misato na Yesu (Njembo 41:9) mpe ye koteka Yesu mpona palata tuku misato (Jekalia 11:12) misakolamaka mpe mikokisamaki.

Bokoki sik'awa kondima ete Biblia ezali solo mpe ezali solo liloba na Nzambe, mingi soki bomoni ete masakoli nioso na boyokani yak ala mikokisamaki ndenge esengeli.

Masakoli kati na Biblia oyo misengeli kokokisama

Nzambe akomisaki Yesu Christu mobikisi na biso na kokisa masakoli nioso ya boyokani na kala na ekeke ya Boyokani ya Sika. Eteni nioso ya masakoli na Yesu, koleka na lisituale ya ekolo Yisalele, mpe lisituale ya moto mikokisama na lolenge esengelaki. Makambo etali lisituale ya mikili mitalisa ete maloba nioso ya masakoli kati na Biblia mikokisama, mikokoma na kokokisama.

Basakoli ya boyokani na kala mpe ba oyo na Boyokani ya sika basakola komata mpe kokita na mikonzi ya mokili, kobebisama mpe kotongama ya Yelusalema, mpe makambo ekoya sima mpona bato ya motuya. Masakoli mingi kati na Biblia mikokisama mpe mizali sik'oyo kokokisama, mpe \esengeli na bato komona konzonga ya mibale na Yesu, Komata, Bokonzi ya ba mbula monkoto, mpe esambiselo ya kiti ya pembe. Nkolo na biso azali sik'awa kobongisa bisika na bino lolenge alakaka (Yoane 14:2), mpe kala te akokamata bino na bisika na seko.

Mokili na biso ezali sik'awa konyokwama na ba nzala, koningana na mabele, tango mabe, mpe makama minene. Bosengeli kozwa lobiko ya mobimba na kosenjelaka mpe kobongisama lokola basin a libala.

Chapitre 2

Nzambe akeli mpe akolisi Moto

"Bongo Nzambe azalisaki moto na elilingi na Ye mpenza, na elilingi na Nzambe azalisaki ye; Azalisaki bango mobali mpe muasi. Nzambe mpe apambolaki bango, mpe Nzambe alobelaki bango ete, 'Bobotaka mpe bozala na kobota mingi, mpe botondisa mokili mpe botia yango na nse na bino; mpe bozala na bokonzi likolo na mbisi na mai mpe na ndeke na likolo, mpe likolo na nyama nyoso ikotambolaka na mokili.'"

Genese 1:27-28

Ata mbala moko na bomoi na bino, bokoki komituna mituna miye misengeli lokola kowuta, suka, tina, to tina mpenza ya bomoi. Bongo bokomeka kozwa biyano. Bato mingi bakomekaka na ba lolenge mingi mpona kosilisa likambo yango kasi bakokufa na kozanga kozwa biyano ya solo.

Bato ya mayele na mokili lokola Conficius, Budha, to Socrates bango mpe ba bundaka mpona kozwa biyano mina.

Conficius amipesaka na bizaleli malamu ya bomoto, oyo etalisi ete bizaleli malamu etalisamaki lokola bolamu, mpe abimisaki bayekoli mingi.

Budha atubelaki ba mbula ebele mpona kokangolama na makambo ya mokili. Socrates alukaki solo na lolenge na ye moko mpe alukaki boyebi ya solo.

Moko te kati na bango, akokaki kozwa solution oyo ewumelaka, to oyo ya moboko, akoma na bosolo, to azwa bomoi ya seko. Esalama bongo mpo ete solo oyo ebombamaka liboso na kokela na mokili, ezali eloko ya molimo oyo emonanaka na miso te mpe ekoka kosimbama te. Bokokoka kozwa biyano mpona makambo etalibomoi kino tango bokososola mokano na Nzambe Mokeli likolo na koleka na baton a nse na moi.

1. Nzambe akeli bato

Likambo na nkamwa mpona kosalama ya ba organs mpe misisa mpe misuni na nzoto na bato ekoki kopimama te. Nzambe oyo Akela moto na lolenge oyo alingi azwa bato ya solo solo nab a oyo akoki kokabola bolingo mpona libela. Na boye, Nzambe asalaki moto na elilingi na Ye mpe na lolenge na Ye mpe akolisa bato mpe abongisaki Lola.

Bongo, ndenge nini Nzambe akelaka biloko nioso na univer mpe asalaki moto?

Kokela na Nzambe na mikolo motoba

Genese 1 etalisi malamu lolenge kani Nzambe akelaki ba likolo mpe mabele na mikolo motoba.Nzambe alobi, "Tika pole ezala,"mpe pole ezalaki (Genese 1:3). Alobi lisusu ete: Tika ete mai mazali na nse na likolo eyangana na esika moko, mpe tika ete mabele makaoki emonana;" mpe toyebi ete ezalaki bongo (Genese 1:9).

Lokola elobama na Baebele 11:3, " Mpo na kondima, tososoli ete mikili mizalisama na Liloba na Nzambe, bongo boloko bikotalaka biso bibimaki na biloko bikomonana te," Nzambe akelaki univer mobimba na liloba na ye.

Nzambe akela pole o mokolo ya liboso, mpe akelaki etando na likolo o mokolo ya mibale. O mokolo ya misato tango Nzambe alobaki, "Tika ete mai ezali na nse ya likolo eyangana na esika moko, mpe tika ete mabele makaoki emonana." (Genese 1:9), ezalaki bongo mpe Nzambe abengaki mabele makaoki mabele, mpe lisanga na mai, bibale minene. Bongo Nzambe alobaki ete, Tika mokili ebimisa matiti mpe ndunda na mbuma mpe nzete na mbuma na kolia, moko na moko na lolenge na yango" (v.11), mabele ebimisaki matiti, ndunda na mbuma na lolenge na yango. O mokolo ya misato, Akelaki moi, sanza, mpe minzoto na etando na likolo, mpe atikaki ete moi ekamba pole, mpe sanza ekamba butu. O mokolo ya mitano Akelaki bikelamo na mai monene mpe biloko nioso mininganaka mpe mibikaka kati na mai, kolandana na lolenge na yango, mpe ba ndeke mipumbwaka na lolenge na yango. O mokolo ya motoba, Akelaki nyama ya mokili, bikelamo oyo mikotambola na mabele, mpe nyama ya zamba, moko moko kolandana na lolenge na yango.

Moto akelami na elilingi na Nzambe

Nzambe mokeli abongisaki bisika wapi, mpona mikolo motoba moto akokaki kobika, mpe Aya kokela moto na elilingi na Ye. Apambolaki moto lokola nkolo na ekelamo nioso, mpe ayebisaki ye atia miango na nse na ye mpe akonza bango.

Bongo Nzambe azalisaki moto na elilingi na Ye mpenza, na elilingi na Nzambe azalisaki bango mobali mpe muasi. Nzambe mpe apambolaki bango, mpe Nzambe alobelaki bango ete, " Bobotaka mpe bozala na kobita mingi, mpe botondisa mokili mpe botia yango na nse na bino; mpe bozala na bokonzi na likolo na mbisi na mai mpe na likolo na ndeke na likolo mpe likolo na nyama nioso ikotambolaka na mokili" (Genese 1:27-28).

Lolenge nini Nzambe Asalaki moto?

Na tango yango Nzambe asalaki moto na putulu na mabele, mpe apemaki kati na zolo na ye mpema na bomoi; mpe moto akomaki ekelamo na bomoi (Genese 2:7).

Na eteni oyo putulu elakisi poto poto ekangama. Mosali mbeki asalelaka poto poto ya malamu mingi, asalaka ba Caledon to ba mbeki malamu oyo ezali na talo mingi. O loboko mosusu, basali misusu bakosalaka ba mbeki ya pamba pamba , matolo, to ba brique.

Motuya ya eloko esalemi na potopoto etali kaka ye oyo asali yango, mayele nini asalekaki yango, poto poto ya lolenge nini asalelaki, mpe Mbeki ya lolenge nini yango ezali. Lokola Nzambe Mokeli na nguya nioso Asalaki moto na elilingi na Ye, boni malamu Asalaki?

Na sima na kosala moto na elilingi na Ye na mputulu, Nzambe apemaki kati na zolo na Ye mpema na bomoi, yango ezali, energy na bomoi. Bongo moto akomaki molimo na bomoi. Mpema na bomoi ezali makasi, nguya, energy, mpe molimo na Nzambe.

Nzambe apemi mpema na bomoi kati na moto

Tango bokokanisa lolenge mwinda fluorescent ekongelaka, bokokoka na kososola na pete lolenge kani moto akelamaka molimo na bomoi. Soki bolingi mwinda fluorescent engala, esengele naino bobongisa yango ya malamu mpe na sima bob rancher yango. Bongo, ekokoka kongala kaka soki bob rancher yango na courant.

Etando moke na ndako na bino esalaka lolenge moko. Bokoki te komona eloko moko liboso na bino bopelisani yango, kasi soki esi epeli, bokoki komona mpe koyoka makambo mingi. Bokoki komona bilili na etando kaka na kopelisa yango. Kasi, na sima na etando biteni ebele esangisami na lolenge ya kolekela mayele.

Na boye, Nzambe asalaki kaka nzoto ya moto te, kasi ata misopo mpe mikuwa kati na ye na putulu na mabele. Asalaki misisa oyo makila ekoleka mpe systeme ya bongo oyo ekokaki kokokisa mosala na yango ndenge esengeli.

Nguya na Nzambe ekoki kobongola mputulu na loposoya sembe sembe tango to soki Alingi yango. Lokola couraant ikolekaka, Apemaki pema na bomoi kati na moto. Bongo makila kati na ye ebandaki koleka na mbalamoko, mpe akokaki kopema mpe kotambola.

Lisusu, lokola Nzambe asalaki biteni ya memoir kati nab a cellule ya bongo, bato bakotia mpe bakokanga oyo bakoyoka mpe bakoyoka na nzoto kati ba cellule ya bongo. Oyo etiami mpe ekangemi ekokoma boyebi,mpe boyebi ekobima lokola makanisi. Tango bokosalela boyebi oyo bokanga na bomoi na bino, bokobenga yango bwanya.

Bato, ata soki bazali bikelamo ya pamba, bamatisa bwanya mpe mayele na bango, mpe bakolisa civilization na mayele mingi. Sik'awa, bakobembukaka na univer mpe basali ba ordinateur mpe bakotia makambo mingi kati na yango mpe bakobimisa miango mpe bakozwa lifuti mingi na ordinateur kaka lolenge Nzambe asalaka biteni na memoir kati na bongo.Basali kutu ordinateur A.I oyo ekoki koyema makomi to mongongo na motompe ekoki kosolola na misusu. Mpe miango mikokoba na kokola na boleki na tango.

Boni boni pasi te mpona Nzambe kosala moto na putulu na mabele mpe kopema pema na bomoi kati ye, mpona kosala ye molimo na bomoi! Ezali pasi te mpona Nzambe oyo akoki kosala eloko bisika eloko ezali te, kasi ezali mpenza nkamwa mingi mpona moto (139:13-14).

2. Pona nini Nzambe alekisi bato na nse na moi

Yesu a tangisaka biso mokano na Nzambe o nzela ya masese mingi. Mpo ete mokili na molimo ekoka te kososolama na boyebi na bato, Asaleli biloko na mokili o nzela ya masese mpona kososolisa bino.

Mingi ezali kolobela bilanga.Ndakisa, ezali na lisese ya moloni (Matai 13:3-23; Malako 4:3-20; Luka 8:4-15), lisese ya mboto na senapi (Matai 13:31-32; Malako 4:30-32; Luka 13:18-19), lisese ya matiti mabe na elenga (Matai13:24-30, 36-430, lisese ya moloni vigno (Matai 20:1-16), mpe lisese ya kolo elanga (Matai 21:33-41; Malako 12:1-9; Luka 20:9-16).

Masese elakisi biso ete, lokola baloni babalolaka mabele, balonaka ba nkona, Batalaka yango, mpe bakobuka, Nzambe asalaka mpe akolisaka batona mokili mpe akokabola masangu na matiti mabe.

Nzambe alingi kokabola bolingo ya solo na bana na ye ya bolingo.

Nzambe azali kaka na BoNzambe te kasi ata bomoto. BoNzambe ezali nguya ya Nzambe azalaki mpe na nguya niosoYe moko Mokeli, mpe bomoto ezali makanisi na moto. Bongo, Nzambe akelaki mpe akokonzaka likolo na univer nioso, lisituale na bato mpe bomoi na bango. Ayokaka mpe esengo, nkanda, mawa mpe kosepela, mpe Alingaka kokabola bolingo na bana na Ye.

Biblia etalisi biso mbala mingi ete Nzambe azalaka na bomoto lokola bato; Nzambe akosepelaka mpe akopambola bato oyo bakelami na elilingi na Ye tango bakosalaka oyo ezali malamu, kasi

Akomilelaka mpe akosilika tango bakosumuka. Nzambe alingaka kososola na bana na Ye mpe apesa bangomakambo malamu yango etalisamaka mingi kati na Liloba na Nzambe.

Soki Nzambe azalaka kaka na BoNzambe, Alingaki te kopema na sima na mikolo motoba ya kokela univer, mpe alingaki kopema na mokolo ya motoba te, mpe alingaki te kazala na boyokani moko na biso, na kolobaka ete, "Bondela na kolemba te" (1 Batesaloniki 5:17), "Benga nga mpe Na koyanola yo, mpe nakolakisa yo mabombami minene maye oyo oyebaki te" _Yelemia 33:3).

Ba tango misusu bolingaka kozala na bino moko, kasi bokoki kozala na esenge ya koleka soki bozali na moninga oyo bokokani makanisi mpe ye oyo akokoka kokabolabolingo na ye na bino. Lolenge moko, Nzambe Akelaki moto na elilingi na Ye mpo ete alingi kokabola bolingo na moto moko. Azali kokolisa milimo na baton a mabele oyo mpo ete alingi bana ya solo ba oyo bakoki kososola motema na Ye mpeBalinga Ye na mitema na bango mpenza.

Nzambe alingi bana bakotosaka na makoki na bango ya kopona

Bamosusu bakoki komituna tina nini Nzambe akelaki bato mpe azalaki kokolisa bango ata soki bangelu mingi oyo bakotosaka mpe mapinga na lola, bazali kuna na lola. Kasi mingi nab a angelu bazali na bomoto te kati na bango yango ezali motuya mingi mpona kokabola bolingo. Elingi koloba ete, bazali na makoki ya kopona ndenge bango baling te. Bakotosaka mibeko na malamu lokola bar obo, kasi bakoki te koyoka esengo ya solo, nkanda, to esengo lokola oyo ya bato. Bongo, bakoki te kokabola bolingo na Nzambena kowuta na nse ya mitema na bango.

Ndakisa, to banza ete bozali na bana mibale. Moko na bango kaka alandaka mibeko na bino na kolakisaka emotion moko te, kotalisa makanisi na ye, to bolingo na ye lokola robo oyo babongisi malamu. Mosusu, tango mosusu akoyokisa yo mabe, kasi na sima akoyoka mabe na oyo asalaki, mpe akoya kokangama nay o kati na bolamu, mpe akotalisa motema na ye na na lolenge mingi.Sik'awa, nani okolinga mingi? Solo,ezali oyo ya mibale.

Toloba ete ozali na robo oyo alambaka, asukolaka ndako, mpe akosalela yo. Ata boye, okolinga robo koleka mwana na yo te. Ata na makasi nini robo akoki kosalela yo mosala mpe boni lisungi yango ekoki kozala, ekokoka te kozwa bisika ya bana na yo.

Nzambe akolisi bato na bolingo ya moboti

Ekomama na genese 6:5-6 ete "Yawe Amonaki ete masumu na bato ezalaki mingi na mokili mpe ete makanisi nioso kati na mitema na bango ezalaki bobele epai na mabe na mikolo nioso.

Yawe Ayokaki mawa ete asalaki bato kozala na nse, mpe

likambo yango epesaki ye bolozi na motema."

Elingi koloba ete Nzambe ayebaki likambo oyo na tango asalaki moto te? Ayebaki likolo na yango, mpenza. Nzambe Azali Oyo Azalaki mpe akozala bongo ayebaki makambo nioso yambo tango ebanda. Kasi, Akelaki moto mpe azalaki kokolisa bango.

Soki ozali moboti okoki kosososla yango na pete ya koleka. Boni pasi ezali na kobota bana mpe kokolisa bango! Tango muasi azali na zemi, ba pasi mingi lokola koyoka neti kozanza ikolanda mpona ba sanza libwa. Na tango ya kobota, pasi monene ikolanda mama. Koleisa, kolatisa, mpe kotangisa mwana, baboti bakosalaka makasi ya monene mpe misala makasi na moi mpe butu. Tango bana bakozonga na ndako na retar, baboti na bangobakoyokaka pasi koleka bana.

Pona nini baboti bakokolisaka bana na bango ata na pasi mpe makasi oyo nioso? Tina ezali ete baboti baling kokabola bolingo na elokoko moko, yango, ba oyo bakoki koyoka boligo ya baboti mpe mpe baling baboti na bango na mitema na bango nioso. Pona baboti, ata pasi ya lolenge wana ekobimisa esengo. Lisusu, soki bana bakokokana na baboti na pene pene, boni malamu bazali! Ya solo, bana nioso bakoki te kozala kosalela baboti na bango. Basusu bakolingaka mpe bakotosa baboti na bango, kasi basusu bakoyokisa bango pasi.

Na yango, na koyebaka ba pasi nioso na kokolisaka bana baboti bamonaka yango pasi te. Kasi, basalaka makasi mingi, na kolikiaka ete bana na bango bakokola malamu mpe ekozala esengo na bango. Na lolenge moko, Nzambe ayebaki ete bato bakozanga kotosa, bakobeba, mpe bakomema bolozi, kasi ayebaki mpe ete

Nzambe alingi kokumisama epai na bana ya solo solo

Nzambe azali kokolisa milimo na bato na mokili oyo mpona kozwa kaka bana ya solo solo te kasi mpo ete akumisama epai na nzela na bango. Nzambe akoki kozwa nkembo mingi na bangelu mpe mapinga na Lola. Kasi, oyo Azali kozela ezali nkembo epai na bana na ye oyo bakola, bana ya solo na mitema na bango nioso.

Nzambe alobi na Yisaya 43:7 ete "Moto na moto oyo abiangami na nkombo na Ngai,ye oyo nasali ye mpona nkembo na ngai," mpe etangisi bino na 1 Bakolinti 10:31, "Boye soko bokoliaka soko bokomelaka, soko bokosalaka nini, bosala nioso mpona nkembo na Nzambe."

Nzambe Azali Mokeli, Bolingo mpe bosembo. Apesaki muana na ye se moko ya likinda, mpona kobikisa biso, mpe abongisaki Lola mpe bomoi na seke. Azali Oyo Aleki na lokumu nioso. Ata bongo, Alingaka kozongisa nkembo na ba Oyo bakopesaka ye nkembo.

3. Nzambe akabolaka masangu na matiti mabe.

Baloni babalolaka mabele mpo ete balingaka kobuka masangu mingi.Nzambe mpe Akokolisa milimo na bato na mokili oyo mpona kozwa bana ya solo, ba oyo bakolinga mpe bako pesa ye nkembo na mitema na bango te kasi ba oyo mpe bakokabola bolingo ya libela na Lola.

His winnowing fork is in His hand, and He will thoroughly clear His threshing floor; and He will gather His wheat into the barn, but He will burn up the chaff with unquenchable fire (Matthew 3:12).

Ezalaka tango nioso na masangu mpe matiti mabe na kobuka elanga,bongo baloni bakokabola masangu na matiti mabe,bakosangisa masangu na bisika na yango, mpe bakozikisa matiti mabe. Na lolenge moko, Nzambe akokabola masangu na matiti mabe na suka ya kokolisa milimo na baton a mokili oyo:

'Azali na epupeli kati na loboko na ye mpe akopetola etutelo na Ye mpe akoyanganisa masango na ye na ebombelo,nde akozikisa matiti na moto makozimama te."(Matai 3:12).

Bongo, bosengeli kondima makasi ete Nzambe akokolisa milimo na bato na mokili, mpe na tango na ye moko akosangisa masangu- bana ya solo- kati na Lola mpona bomoi na seko, kasi Akozikisa matiti mabe na moto oyo ekosilaka te n a lifelo.

Bongo, tika tozinda na mozindo na lolenge nini bato bazali masangu mpe matiti mabe na miso na Nzambe, bisika ya lolenge nini Lola mpe lifelo mizali.

Masangu mpe matiti mabe

Masangu elakisi baye oyo bandimeli Yesu Christu, batamboli kati na solo, mpe bakaboli bolingo na Nzambe. Bazali bana ya mwinda ba oyo bazongeli elilingi na Nzambe oyo ba bungisaka, mpe basalaka nioso Nzambe akotinda.

Na loboko mosusu, matiti mabe ezali ba oyo bandimelu Yesu Christu te, to ba oyo bakobetaka tolo ete bandimela kasi bokobika na lilolba na Nzambe te, na kolandaka ba posa na bango mabe.

1 Timote 2:4 elakisi Nzambe na biso lokola Ye oyo "Oyo Alingi bato nioso babika mpe bakoma na boyebi na solo."

Yango ezali, Nzambe alingi bato niosobakoma masangu mpe bakota na bokonzi na Lola. Nzambe azali komeka

Kitoko ya Lola mpe somo ya Lifelo

Na loboko mosusu,Lola ezali kitoko mingi mpona kokokana eloko moko ya mokili oyo. Ndakisa, bafololo na mokili oyo ekokaukaka noki, kasi bafololo na lola ekokaukaka to mpe ekobebaka te mpo ete biloko nioso na Lola mizali seko. Ba nzela mizali ya wolo epetolama oyo ezali lokola tala tala, ebale na mai na bomoi ekongalaka lokola kulusatala ya petwa ikotiola koleka na ba ndako misalami na mabanga na talo ya kongala.

Na loboko mosusu, lifelo ezali bisika nkusu ekufaka te, mpe moto ebomamaka te.Biloko nioso kuna mikotiama moto lokola mungwa (Malako 9:48-49). Lisusu, ezali na libeke na sufulu ekopela moto na lifelo oyo ezali na moto mbala motoba koleka libeke na moto. (Emoniseli 20:1o, 15). Ba oyo babiki te basengeli kobika kati na libeke na moto esilaka te to na oyo ya sufulu mpona libela. Boni somo mpe pasi ezali mpona kobika kuna mpona seko (nasengi botanga buku Lifelo)!

Yango, Yesu alobi na Malako 9:43 ete "Soki loboko na yo ekokweisa yo, kata yango; mpo ezali malamu okota na bomoi loboko moto mbe ekende na Geena maboko mibale,bisika moto ebomamaka te."

Mpona nini Nzambe ya bolingo asala lifelo ya somo mpe Lola ya kitoko?. Soki epesameli bato mabe bakota na bisika malamu epai wapi ba oyo bazali malamu mpe balingami na Nzambe bakobika, ekozala pasi mpona bato malamu mpe Lola ekobebisama na mabe. Na mokuse, Nzambe asala lifelo mpo ete alingaka bato mpe alingi kopesa bana na ye kaka oyo ezali malamu.

Esambiseli ya Kiti monene ya Pembe

Kaka lokola baloni balonaka mpe babukaka mbula na mbula,

Nzambe akolisa milimo na bato wuta Adamu ebengana maki na Elanga na Edenimpe akokoba kino tango Yesu akozonga.

Nzambe atalisa mokano na Ye epai na ba Tata na kondima lokola Noa, Abalama, Mose, Yoane mobatisi, Petelo,mpe Ntoma Polo. Lelo, Azali kokoba na kokolisa milimo na bato o nzela ya basali mpe baumbu na Ye. Lokola suka eyaka na sima na ebandeli, kokola ya milimo na bato ekozala seko te.

2 Petelo 3:8 elobi ete, "Balingami, likambo oyo moko likima bino te, ete epai na Nkolo, mokolo moko ezali lokola ba nkoto moko, mpe mbula nkoto moko lokola mokolo moko." Kaka lokola Nzambe apemaki na mokolo ya sambo na sima namikolo motoba ya kokela univer,koya na Yesu mpe bokonzi ya mbula nkoto moko, tango ya Saba ekoya na sima na ba mbula nkoto motoba na sima na Adamu kobuka mobeko.

Na sima, na nzela ya esambiseli ya kiti na bokonzi monene ya pembe, Nzambe akondima ba masangu bakota Lola mpe akobwaka matiti kati na moto ya lifelo.

Bongo, nabondeli na kombo na Nkolo Yesu Christu ete bososola mokano na Nzambe mpe bolingo ya kokola na baton a mozindo,mpe bopesa nkembo epai na Nzambe na elikya makasi mpona Lola.

Chapitre 3

NZETE YA BOYEBI MABE NA MALAMU

"Yawe Akamataki moto mpe atiaki ye na elanga na Edene kotimola yango mpe kobatela yango. Yawe Nzambe alakaki moto ete, Yo okoki kolia mbuma na nzete nioso na elanga kasi mbuma na nzete na koyeba malamu mpe mabe okoki kolia te, mpo ete mokolo okolia yango okokufa solo'."

Genese 2: 15-17

Ba oyo bayebi monene ya bolingo na Nzambe Mokeli te mpe mozindo ya mokano na ye te mpona kokolisa bana ya solo bakoki komituna ete, "Mpona nini Nzambe atiaka nzete ya koyeba mabe na malamu kati na elanga na Edene?" "pona nini atikaki moto ya yambo akenda o nzela ya libebi?" Bakokanisa ete motoalaingaki kokufa te mpe alingaki kosepela bomoi na esengo mpona libela kati na elanga na Edeni kaka soki Nzambe atiaka nzete kun ate.

Basusu balobaka kutuete Nzambe ayebaki te ete Adamu akokaki kolia mbuma na nzete ya boyebi mabe na malamu" mpo ete bango bakondimaka te ete Nzambe azalaki mpe akozala, mpe Azalai na nguya mpe boyebi nioso. Bongo Ye Atiaki nzete na kozanga koyeba ete Adamu akobuka mobeko na Ye? To Atiaka yango mpona komema moto na kokweya na nko mpe amema moto na nzela ya kufa? Soko moke te!

Bongo, pona nini Nzambe atiaki nzete ya boyebi mabe na malamu na kati kati na Elanga na Edeni? Pona nini Adamu abukaki mobeko na Nzambe mpe akweyaki na nzela ya kufa?

1. Adamu na Ewa kati na Elanga na Edeni

Nzambe asalaki moto na putulu na mabele mpe apemakikati na zolo na yempema na bomoi, nde moto akomaki ekelamo na bompoi (Genese 2:7). Ekelamo na bomoi azali ekelamo ya molimo oyo azali na boyebi moko te na tango ye ekelamaki. Tika tozwa ndakisa ya pasi te. Bebe oyo abotami sika azali na bwanya moko te to boyebi.Muana bebe azali na systeme ya kokanisa makambo kati na bongo na ye, kasi atikala komona te, koyoka, to balakisa ye eloko moko te. Bongo bebe akoki kaka kosala makambo kolandana na istinct na ye.

Na lolenge moko, Adamu azalaki na bwanya to boyebi moko te ya molimo tango akomaki ekelamo na bomoi.

Adamu ayekolaki boyebi na bomoi kowuta na Nzambe

Nzambe alonaki elanga na bisika moi ebimaka, na Edeni mpe atiaki Adamu kuna. Nzambe apesaki Adamu boyebi na bomoi mpe solo, moko na moko, nakotambolaka na ye bipai na bipai nde Akokaki kotika Adamu akimbo mpe abatela elanga na Edeni.

Genese 2:19 etangi ete, "Yawe Nzambe azalisaki na mabele nyama nioso na mokili, mpe ndeke nioso na likolo, mpe ayeisaki bango epai na moto, kotala soko kombo nini ye akopesa bango; mpe kombo epesaki moto nyama moko na moko, ezalaki nkombo na ye."

Adamu azalaki na boyebi na bomoi yakokoka mpona kokonza biloko nioso.

Lisusu, epai na Nzambe ezalaki malamu te ete Adamu azali ye

moko.Bongo, Nzambe asalaki ete ekweya na pongi makasi mpona kosalela ye mosungi yakokoka. Nzambe azwaki mopanzi moko ya moto mpe akangaki bisika wana na mosuni tango moto azalaki na mpongi. Bongo, akelaki muasi na mopanzi oyo azwaki epai na moto, mpe amemaki ye epai na moto. Nzambe asalaki ete moto azala moko na muasi na ye, mpe bakomaki mosuni moko (Genese 2:20-22).

Esalemaki bye mpo ete Adamu azalaki komiyoka ye moko te kasi mpo ete Nzambe Azalaka ye moko mpona tango molayi mingi liboso na ebandeli na tango mpe ayebaki nini kozala moko elakisaki. Bolingo monene mpe ngoluna Nzambe ememaki ye Asalela Adamu mosungi, mpe Ye wuta kala ayebaki yango, apambobolaki moto na muasi na yempo ete bazala na kobota mingi, babota, mpe batondisa mokili.

Bomoi molayi na Adamu na Elanga na Edeni

Bongo, tango boni Adamu na muasi na ye Ewa babikaki na elanga na Edeni? Biblia elobeli yango na molayi te, kasi bosengeli koyeba ete babikaki kuna tango molayi koleka oyo bato mingi bakanisaka.

Biblia elobeli biso makambo mina na biteni mike. Kasi, bato mingi bakanisaka ete Adamu alaki mbuma epekisama kolia mpe akweyaka na libebi na sima na tango moke kaka sima na Nzambe atia ye na Elanga na Edeni. Bamosusu batubnaka ete, "Biblia elobi ete lisitualena bato ezali mbulankoto motoba, kasi ndenge nini ezali na ba fossil ebeleoyo mizali na ba mbula nkama na bankoto ya koleka?"

Lisituale ya koleka na baton a mokili ezali mbula 6, 000, yango ebanda tango Adamu abenganamaki na Elanga na Edeni. Esangi tango molayi oyo bango babikaki na Elanga na Edeni. Lokola tango molayi elekaka, ezalaki na mbongwana monene na makambo etali geographie mpe geologie ya mokili oyo lokola mbongwana na mabele mpe na makambo etali kobotama mpe kufa na biloko mingi oyo misalemaki na mokili oyo. Lolenge tolobaki na chapitre 1, ba fossil mingi etalisi makambo oyo.

Kaka lolenge Nzambe apambolaki Adamu na muasi na ye na Genese 1:28, moto ya yambo Adamu, liboso na ye alakelama mabe, atambolaki na Nzambempe abotakibana ebele na tango molayi mpe atondisaki elanga na Edeni. Lolenge nkolo na bikelamu nioso mikelama, Adamu atiaki na nse mpe akonzaki mabele mpe Elanga na Edeni.

3. Adamu abukaki mobeko na kopona na ye moko

Nzambe apesaki Adamu mpe Ewa makoki yakopona mpe apesaki bango basepela bofuluki mpe eesengo ya Elanga na Edeni. Kasi, ezalaki na eloko moko oyo Nzambe apekisaki.

Nzambe apesaki bango mobeko ya kolia mbuma na nzete na boyebi malamu mpe mabe te.Soki Adamu asosolaka mozindo na motema na Nzambe mpe alingaka Yesolo, alaingaki te kolia mbuma epekisama kolia mpo ete ayebaki mobeko na Nzambe. Kasi, atosaki mobeko oyo te mpo ete alingaki mpenza Nzambe te. Nzambe atiaki nzete na boyebi mabe na malamu mpe atiaki mobeko makasi kati na Nzambe mpe moto. Apesaki na motomakoki ya kotosa mobeko na kopona na ye moko. Yango esalemaki bongo mpo ete Nzambe alingaki kozwa bana ya solo baye bakotosa Ye na mitema na bango mibimba.

Adamu abwakisi Liloba na Nzambe

Kati na Biblia, Nzambe amesana kolaka lipamboli nab a oyo bakotosaka mibeko na Ye nioso mpe bayebi maloba na Ye nioso (Dutelonome 15:4-6, 28:1-14). Kasi, nani atosaka mibeko na Ye nioso? Ata Biblia endimi ete ezali kaka na bato moke, ba oyo bakoki.

Nzambe alakisaka na moto ya yambo Adamu ete akosepela bomoi na seko mpe mapamboli na lolenge ye akotosa Nzambe, kasi akozwa kufa ya seko soki azangi kotosa Nzambe. Nzambe akebisaki ye ete alia te na nzete na boyebi mabe to malamu.

Kasi, Adamu na Ewa batiolaki mobeko na Nzambe, mpe baliaki mbuma oyo bapekisa kolia. Satana alukaki kobebisa mokano na Nzambe mpona kokolisa bana ya solo mpe ya molimo wuta ebandeli. Na suka Satana alongaki na komeka bango mpona kolia na nzela ya nyoka oyo azalaki kili kili koleka nyama nioso ya zamba (Genese 3:1). Adamu na Ewa ba boyaki kotosa mobeko na Nzambe. Ndenge nini, Adamu abukaki mobeko ata soki azalaki molimo na bomoi mpe balakisaki ye kaka solo epai na Nzambe?

Na Genese 2:15 tomoni ete Nzambe asalaki ete Adamu akamba mpe atimola elanga na Edeni. Adamu azwaki nguya na mpifo na Nzambe mpona kokonza mpe kobatela yango. Nzambe atikaki ye abatela yango noki te moyini zabolo mpe Satana bakota kuna. Ata bongo, Satana akweyaki ten a kosalela nyoka mpe amekaki Adamu na Ewa na nzela na nyoka. Ndenge nini ekokaki kosalema? Satana azali molimo mabe oyo azali mokonzi ya bokonzi na mipepe. Satana azalaka na nzoto te. Na Baefese 2:2, balobeli Satana lokola mokonzi na nguya na mipepe, ya milimo oyo mizali kosala sik'awa na bana na nkanza.

Mpo ete Satana azali lokola onde ya radio oyo ekendaka na mopepe, akokaki kokonza nyoka na Elanga na Edene mpona komeka Adamu na Ewa. Genese 1 etalisi liloba moko oyo ekozongaka. Na suka ya mokolo nioso ya kokela, Biblia ebandeli ete, "Nzambe Amonaki ete ezalaki malamu." Liloba oyo elobamaki te na mokolo ya mibale tango basalaki etando na likolo.

Lisusu, Baefese 2:2 elobeli tango "Wana etambolaki bino kati na yango kobila nzela na mokili oyo, kobilaka mokonzi na nguya na mipepe, molimo oyo ezali kosala na bana na nkanza." Nzambe asi ayebaka ete milimo mabe mikozala na mpifo na bokonzi na mipepe.

Ewa akweyaki kati na momekano na nyoka

Nyoka azali moko nab a nyama na mokili. Ndenge nini alongaki na komeka Ewa mpo ete abuka mobeko na Nzambe?

Na kati na Elanga na Edeni, moto akokaki kosolola na bikelamu nioso na bomoi lokola ba fololo, ba nzete, ba ndeke, ba nyama, mpe bongo na bongo.

Ewa akokaki kosolola na nyoka.Na ebandeli, ba nyoka balingamaki na moto mpe na boyokani malamu na bango lokola lelo te. Bazalaki sembe sembe, petwa, molayi, na nzoto ya kobaluka mpe na kili kili mpe alingamaki koleka na Ewa. Bayebaki ye malamu mpe bazalaki kosepelisa ye.Ezali lolenge moko na imbwa oyo asepelisaka mpe asalelaka mikolo na bango malamu koleka nyama mosusu.

Atabongo,bato mingi balobaka ete, "Ba nyoka bazali somo, na kufa, mpe na nkele."Baboyaka bango na mbala moko tango bomoni bango na miso mpo ete nyoka nde akweisaki moto ya liboso Adamu na mwasi na ye mpona koboya kotosa mobeko mpe amema bango na nzela na kufa.

Mpona kososola ezaleli na nyoka, bosengeli koyeba lolenge yam abele na ebandeli.Mabele na mabele ezali na lolenge na yango. Kolandana na eloko oyo babakisi kati na yango, mabele ekoki kokoma malamu to mabe. Tango Nzambe akelaki ba nyama ya mokili mpe ba ndeke ya likolo, aponaki mabele oyo esengelaki mpona nyama moko na moko (Genese2:19).

Nzambe asalaki nyoka na mayele mabe te na ebandeli. Nzambe asalaki ye na mayele ekoka mpona kolingama epai na moto. Kasi, nyoka eyaki kokoma na mayele mabe na sima na mabe kati na yango etalisamaki. Soki nyoka andimaka mongongo na Satan ate kasi akobaka kaka na mokano na Nzambe, elingaki kokoma nyama na bwanya mpe malamu. Mpo ete etosaki mpe elandaki mongongo na Satana, nyoka akomaki nyama mabe oyo akosaki Ewa mona kokweisa ye na kufa.

Mpo ete Ewa abongolaki Liloba na Nzambe

Nyoka ayebaki ete Nzambe ayebisaki Adamu: "Yo okoki kolia mbuma na nzete nioso na elanga, kasi mbuma na nzete na boyebi malamu mpe mabe okolia te.Mpo ete mokolo okolia yango okokufa solo." (Genese 2:16-17). Bongo nyoka atunaki na mayele mabe, "Nzambe alobaki solo ete, bino bokoki kolia mbuma nioso na nzete na elanga te?" (Genese 3:1)

Lolenge nini Ewa azongiselaki nyoka?.

Nzambe akebisaki mpenza Adamu: "Nde na mbuma na

koyena malamu mpe mabe okoki kolia te, mpo ete mokolo oyo okolia yango okokufa solo." (Genese 2:17). Abetisi sete ete bakozala na bomoi te soki balei na nzete. Kasi, eyano na Ewa ezalaki ya kosengela te. Azongisaki kaka bongo na bongo, "Bokokufa".Azangisaki liloba "solo."Nalolenge mosusu, alingaki koloba ete, "Soki bolie mbuma bokoki to bokoki te kokufa.."

Abatelaki mobeko na Nzambe na bongo na ye te mpe abetaki yango tembe moke. Na sima na nyoka koyoka eyano na ye ya malamu te, akobaki noki noki na komeka ye makasi.

Abalolaki kutu mobeko na Nzambe. Nyoka alobelaki muasi ete, "Solo bokokufa te." Abandaki kutu kotelemela mobeko na Nzambe mpe apesa muasi makasi mabe."Mpo ete Nzambe Ayebi ete na mokolo bokolia yango, miso na bino mikofungwama, mpe bokozala lokola Nzambe, na koyeba malamu mpe mabe.

Ewa aboyaki kotosa na kopona na ye moko

Na sima na Satana kofula baposa ya masumu kati na muasi na nzela ya makanisi na ye oyo efandaki na solo te, nzete emonanaki ya kokesana na oyo ye amesanaka komona. Genese 3:6 etangi ete, "Emonaki mwasi ete nzete ezalaki malamu na kolia, mpe kitoko na miso, mpe ete nzete yango ezalaki malamu mpona kofungola bososoli na moto, akamataki mbuma yango mpe aliaki mpe apesaki na mobali na ye, oyo azalaki na ye elongo, ye mpe aliaki."

Akokaki na mbla moko mpenza, kobengana momekano na

nyoka.Kasi posa na mosumuki, mposa na miso, mpe lolendo na bomoi mikamataki ye mpenza, mpe mimemaki ye na lisumu ya koboya kotosa.

Bamususu balobaka ete, "Bongo Adamu na Ewa baliaka mbuma na nzete na boyebi malamuu na mabe mpo bazalaka na masumu ya mbotama kati na bango te?" Bazalaki na masumu ya mbotama te, kaka bolamu kati na bango liboso na bangokobuka mobeko. Bazalaki kaka na makoki na bango ya kopona soki bakokaki to bakokaki kolia te mbuma bapekisa kolia, yango ezalaki kotelemela mobeko na Nzambe.

Na koleka na tango, babosanaki mobeko na Nzambe.Bongo Satana ayaki komeka bango na nzela na nyoka mpe bakoweyaki na komekama. Na nzela na bango, lisumu eyaki mpe babukaki ordre oyo Nzambe atiaka.

Lolenge moko na bana oyo bakola kati na mabe. Ata muana oyo azali na mabe na misala mpe na maloba na ye, azalaka mabe to na nkanda te n a mbotama. Na ebandeli akobanda kolanda maloba mabe to kotuka na bana misusu na kososolaka nini elakisi te. To akoki kolanda muana oyo abetaka bana misusu mpe na komonaka bango kolela. Nde akokoba na kobetaka basusu bongo mabe akokola kati na ye.

Na lolenge moko, Adamu azalaka na masumu ya mbotama na ebandeli te. Tango abuki mobeko na Nzambe mpe alei na nzete na koyeba malamu mpe mabe na kopona na ye moko, lisumu ebotamaki kati na ye mpe mabe ezwaki bisika kati na ye.

3. Lifuti na lisumu ezali kufa

Kaka lolenge Nzambe ayebisaki Adamu, "Bosengeli te kolia na nzete na boyebi malamu na mabe.Tango okolia yango okokufa solo," Adamu na Ewa bakufaki solo na sima na kolia mbuma. Elobi na Yacobo 1:15, "Nasima esili mposa kuzwa zemi, ekobota lisumu, mpe esili lisumu yango kokola eboti kufa."

Baloma 6:23 etalisi bino likolo na mobeko na mokili na molimo na maye matali lifuti na lisumu, "Lifuti na lisumu ezali kufa." Tika totala lolenge nini kufa eyelaki Adamu na Ewa likolo na koboya ko tosa na bango.

Kufa ya milimo na bango

Nzambe Ayebisaki mpenza Adamu ete, "Nde mbuma na nzete na boyebi malamu mpe mabe okoki kolia te, mpo na mokolo okolia yango okokufa solo." Kasi, bakufaki mbala moko ten a sima na bango kobuka mobeko na Nzambe. Babikaki mpona ba mbula molayi mpe babotaki lisusu bana ebele. Bongo,kufa nini Nzambe akebisaki bango?

Alobelaki kufa na ba nzoto na bango te kasi kufa ya milimo na bango. Moto akelamana molimo oyo ekokikosololana

Nzambe, molema oyo ezali mosaleli ya milimo na bango, mpe nzoto bisika wapi molema mpe molimo na bango ezalaka. 1 Batesaloniki

Nzambe Azali na mbeba moko te mpe mbeba ekoki kolonga ye te,mpe Ye Azali Mosantu oyo Ayingelaka kati na mwinda oyo moto akoki kopusana te, nde basumuki bakoki te kozala na ye elongo. Adamu akokaki kosolola na Nzambe tango azalaka molimona bomoi, kasi akokaki lisusu kosolola na Nzambe te, sima na molimo na ye ekufa mpona lisumu.

Ebandeli na bomoi ya pasi

Elanga na Edeni ezalaki bisika ya kofuluka mingi mpe ya kitoko wapi komitungisa mpe kobanga ezalaki te, mpe Adamu na Ewa bakokaki kobika kuna mpona libela na koliaka mbuma na nzete na bomoi. Kasi babimisaki bango libanda na Elanga na Edeni sima na kosumuka. Wuta tango wana, pasi mpe bolozi na bango ebandaka.

Mwasi ayaka kozwa pasi ya koleka na kobota bana. Posa na ye mpona mobali ekomaki mingi mpe mobali akomaki kokonza ye.Kaka na sima na moto kobalola mabeleoyo elakelamamabe, na motoki ya pasi, nde akokaki kolia na yango o mikolo nioso ya bomoi na ye (Genese 3:16-17).

Nzambe ayebisi Adamu na Genese 3:18-19 ete, "Ekobimisela

ye nzete mpe nkamba na nzube, mpe okolia ndunda na mokili;Na motoki na elongi na yo nde okolia lipa,kino tango okozonga na kati na mabele,mpo ete okamatamaki na yango., mpo ete ozali mputulu, mpe okozonga kati na mputulu.

Mpo ete Adamu, tata na bato nioso, asalaki masumu ya koboya kotosa mpe molimo na ye ekufaki, bakitani na ye nioso babotama basumuki mpe bakendaka o nzela ya kufa.

Baloma 5:12 elobeli bokitani na Adamu: "Na bongo mabe ekotaki na mokili mpona moto moko mpe kufa ekotaki mpona mabe.Kufa mpe epalangani epai na bato nioso mpo ete bato nioso basali mabe."

Bato nioso babotamaka na lisumu ya makila

Nzambe apesaki na bato ete babota mingi mpe bazala ebele na nzela na nkona na bomoi oyo Apesaka bango tango akelaka bango. Bato bakokomaka zemi na lisanga na main a tata mpe na maki na mama oyo Nzambe apesaka na mobale mpe muasi nioso lokola nkona na bomoi. Mpo ete mai to maki mizalaka na bizaleli mpe lolenge na moboti nioso, nde muana oyo abotami na lisanga na yango azalaka na elongo moko, bizaleli moko,elieli moko, etamboli moko, kolinga biloko moko, mpe etelemeli, mpe bongo na bongo, na baboti na ye.

Nalolenge wana, lisumu na Adamu epesamaki na bakitani na ye nioso na sima na Adamu tata na bato nioso kosumuka..

Ebengami "lisumu ya ebandeli.." Bakitani na Adamu babotamaka na lisumu ya ebandeli. Bongo bato nioso bazalaka mpenza basumuki..

Bapagano misusu bakomilelaka ete,: "Lolenge to tango nini nakokaki kokoma mosumuki? Nasala lisumu te." To kotuna ete,: "Lolenge kani lisumu na Adamu ekoki kozala kati na ngai?"

Tozwa ndakisa na muana moke. Mama oyo azali komelisa mabele azali na muana ya mbula moko. Azali komelisa muana mosusu mabele na miso na muana na ye moko. Ekosalema ete muana na ye akosilika mpe akolukakotindika muana mosusu mosika. Soki mama atiki komelisa oyo mosusu te, muana akoki kolela to kobeta mama na ye to muana oyo mosusu. Soki mama akokobaka na komelisaka ye, ya ye moko akoki kobanda na kolela.

Ata ete moto moko te alakisa bebe moke oyo posa mabe, likunia, koyina, moyimi, tokobeta, bebe azalaki na makambo mina kati na ye wuta mbotama na ye. Likambo oyo etalisi mpenza ete bato babotamaka na lisumu ya mbotama oyo ezwamaka na baboti na bango.

Boni moto akosumukaka na koleka tango azali kobika na mokili oyo? Bosengeli kososola ete kaka misala na masumu te, kasi lisumu ya lolenge nioso na makanisi na moto ezali lisumu na miso na Nzambe oyo Azali pole ye moko. Nzambe atalaka mpe amonaka masumu na makanisi na bato lokola, koyina, moyimi, kokatela mabe, mpe bongo na bongo. Bongo, Biblia elobeli biso ete moto moko te akobengama moyengebeni.

Moto kaka te kasi biloko nioso elakelamaki mabe

Tango Adamu, oyo azalaka nkolo na makambo nioso asumukaka mpe alakelamaki mabe, mabele mpe bibwele, ba nyama nioso mpe bandeke na likolo balakelamaki mabe elongo na ye.Kobanda wana,ba nyama mike ya mabe lokola nzinzi to ngungi oyo bamemaka bokono kili kili bakoma kobika.

Mabele eyaka kobanda na kobota nzete na nzube mpe bato bakokaki kobuka ndunda na kolia kaka na sima na minyoko mpe kotoka na elongi.Bamemanaki na kolela, koyoka mawa, pasi, bikono,kufa mpe bongo na bongo mpo ete balakelamaki mabe na mokili oyo.

Bongo,Baloma 8:20-22 etangi ete, "Mpo ete mokili etiamaki na nse na mpamba, na mokano na yango moko te, mpona mokano ya Ye Oyo azalisaki yango boye, kasi ezalaki na elikya ete ekosikolama na boumbu na libebisi kino lisiko na nkembo na bana na Nzambe. Mpo ete toyebi ete biloko nioso misalemaki na Nzambe mizali kokimela elongo kino tango oyo, lokola na pasi na kobota mwana."

Bongo lolenge kani nyoka alakelamaki mabe,? Na Genese 3:14, Nzambe alobelaki nyoka kilikili oyo amekaki moto na kosumuka ete, "Mpo ete yo osali likambo oyo, olakelami mabe na koleka bibwele nyoso mpe nyama na lisobe nyoso; okotambola na libumu nay o, mpe okolia mabele mikolo nioso na bomoi na yo."

Kasi nyoka aliaka mabele te, kasi, ba nyama na bomoi lokola ndeke, ligorodo, mpuku, to nyama mike. Nzambe alobaki malamu ete,"Mabele okolia mikolo nioso na bomoi na yo."

Lolenge nini bosengeli kososola eteni oyo?"Putulu awa elobeli bato oyo basalemana putulu ya mabele.(Genese 2:7), mpe "nyoka" ezali moyini zabolo mpe Satana (Emoniseli 20:2). "Mputulu yango okolia mikolo nioso na bomoi nay o" elakisi ete Satana na zabolo bakolia bato oyo bazali kobika na liloba na Nzambe te, kasi kati na molili.

Ata bana na Nzambe bakutanaka na pasi mpe minyoko oyo Satana mpe zabolo bakopesaka bango, soki basali mabe to masumu na kotelemelaka mokano na Nzambe. Ata lelo Satana mpe zabolo bakonguluma lokola kosi kolukaka moto ya kolia (1Petelo 5:8).Soki bakutani na moko, bakotia ye na boumbu na bilakeli mabe na masumumpe bakomema ye na nzela na libebi. Soki te, bakomeka ata komekaka bana na Nzambe.

Satana mpe Zabolo bamekaka baye oyo balobaka ete, "Na ndimela Nzame," kasi bakosalelaka mpenza liloba na Nzambe te, mpe, bakomema bango na nzela na kufa. Mingi mingi, Satana na zabolo bamekaka bino na nzela na baye bazali zinga zinga na bino, lokola muasi na yo, moninga,to bandeko- Lolenge moko bamekaki Ewan a nzela na nyoka, moko na banyama oyo alingaka mingi.

Ndakisa, muasi to moninga na yo akoki kotuna yo ete, "Bongo ekoki te pona yo koyanganaka kaka na mayangani ya eyenga na tongo? Esengeli kaka okota na mayangani ya pokwa? To "Bongo omekaka, tango nioso koyangana mikolo na mikolo.?" "Nzambe amonaka mpe azali kotala nse na motema na yo, mpo ete Azali Oyo Azalaka mpe Akozala, Ayebi makambo nioso.Bongo, osengeli tango nioso kongangaka na mabondeli?

Nzambe apesa bino mobeko ya kokanisa mokolo ya Saba mpe kobatela yango bulee (Esode 20:8), tomeka na koyanganaka na nkombo na Nkolo (Baebele 10:25), mpe nganga na mabondeli (Yelemia33:3).Satana akoki komeka to kokweiyisa na masumu ba oyo bafanda mpenza kati na Liloba na Nzambe.

Kaka na lolenge elobama na Baefese 6:11, "Bolata molato mobimba na etumba na Nzambe, mpo ete boyeba kotelema liboso na mayele na zabolo," bosengeli komilatisa na Liloba na Solo na Nzambe mpe na mpiko bobengana moyini zabolo mpe Satana na kondima.

4. Tina nini Nzambe atiaki nzete na koyeba kati na Elanga na Edeni?

Nzambe atiaka nzete na koyeba malamu mpe mabe kati na Elanga na Edeni mpona komema moto kati na libebi te kasi kopesa bango esengo ya solo. Na kozanga kososola mozindo na mokano na Ye, bato mingi basosolaka te bolingo mpe bosembo na Nzambe mpe bakondimaka ata Nzambe te. Bakobikaka bomoi ya mpamba na kozangaka kososola tina na bango na mokili oyo.

Pona nini, mpenza, Nzambe atiaka nzete na koyeba malamu mpe mabe kati na elanga na Edeni mpe tina nini ezali komemela bino lipamboli monene?

Adamu na Ewa bayebaka esengo ya solo te

Elanga na Edeni ezalaka kitoko mingi mpe kofuluka na koleka mabanzo na bino. Nzambe asalaka ba nzete ya lolenge nioso. Mizalaki malamu mpona kotala na miso mpe kitoko mpona bilei. Na kati kati na Elanga ezalaki na nzete na bomoi mpe nzete na koyeba malamu mpe mabe (Genese 2:9).

Mpona nini, Nzambe atiaki nzete na bomoi na nzete na boyebi malamu mpe mabe na kati kati na Elanga mpo ete mimonana malamu? Nzambe atikala kokanisa te ete amema bango o nzela ya libebi na komeka bango mpo ete balia na nzete. Ezalaki na mokano na Nzambe mpona komema biso tososola relativite na nzela na nzete na boyebi malamu mpe mabe mpe tokoma bana na ye ya solo mpe ya molimo ba oyo bakoki kososola motema na Ye.

Tango bato bakokutana na kolela, mawa, bobola, to bokono, bato bakoki kokanisa ete Adamu na Ewa bazalaki na esengo mingi kati Elanga na Edeni mpo ete bayebaka pasi lokola, mawa, bobola to bokono na mokili oyo. Kasi, bato na Elanga na Edeni bayebi esengo to bolingo ya solo te mpo ete bayebi mpe relativite te.

Tozwa ndakisa. Ezali na bana mike mibale. Moko abotama mpe akola na bobola, kasi mosusu akola na bomengo mpe alingaka yango. Soki opesi moko na moko na bango jouet ya talo lokola kado, eyano ya lolenge nini moko na moko akozongisa? Na loboko moko, muana akola na kofuluka akozala mpenza kopesa matondi te mpo ete ayebi talon a yango te. Na loboko mosusu, muana mosusu oyo akola na bobola akopesa matondi mingi mpe akotala jouet lokolamotuya mingi.

Esengo ya solo eyaka na nzela ya relativite

Na lolenge moko, ba oyo bakutana na makambo na relativite na bonsomi to bofuluki, bayebi mpe basepelaka na esengo ya solo to bonsomi ya solo. Na bokeseni na Elanga na Edeni, biloko mingi ya relativite mizali na mokili oyo. Soki bolingi kosepela mpe koyeba talo na eloki nini, bosengeli kokutana na oyo ekeseni na yango. Bokokoka mpenza koyeba talon a yango te soki bokutano na kokesana na yango te.

Na ndakisa, soki bolingi koyeba esengo ya solo, bosengeli kokutana na mawa. Soki bolingi koyeba talon a bolingo ya solo, bosengeli kokutana na koyina. Bokoki te koyeba talo ya nzoto malamu na bino nioso kino tango bokokoma na pasi mpona bokono na bino to nzoto malamu te. Bokoki te kososola talo ya bomoi na seko to bokopesa matondi epai na Nzambe Tata te oyo abongiseli bino Lola kitoko kino tango bokososola ete ezali na lola mpe na lifelo.

Moto ya yambo Adamu asepelaka nioso oyo alingaki kolia mpe azalaki na mpifo ya kokamba makambo nioso kati na Elanga na Edeni. Azwaki mango nioso na pasi moko te to na kotoka moko te na elongi na ye. Mpona yango, alakisaka matondi moko te epai na Nzambe oyo Apesaka ye makambo nioso ata na koyeba ngolu na Ye mpe bolingo na Ye na motema na ye te.

Na sima, Adamu abukaki mobeko na Nzambe na kolia mbuma. Azalaka molimo na bomoi, kasi na sima na ye kosumuka, molimo na ye ekufaka mpe akomaki moto na mosuni. Ye na muasi na ye ba benganamaki na Elanga na Edeni mpe bakomaki kobika na mokili oyo. Ayaki komona makambo oyo akutanaka na yango ten a Elanga na Edeni: pinzoli, mawa, bokono, pasi, libaku mabe, kufa, mpe bongo na bongo. Na suka, ayo ezalaki kokesana na esengo ya Elanga na Edeni.

Na nzela oyo, Adamu na Ewa bakokaki kosososla mpe koyeba

esengo to kozanga esengo ezalaka ndenge nini mpe boni bonsomi mpe kofuluka oyo Nzambe apesaki bango kati Elanga na Edeni azalaki.

Bomoi nay o ekozala na tin ate soki bosengeli kobika seko na kozanga koyeba nini esengo to mawa ezali. Ata soki bozali na mikakatano sik'oyo, bomoi na bino ekozala na talo mingi mpe na tina soki bokoki koyoya esengo ya solo na sima.

Ndakisa, ata soki baboti bayebi ete muana na bango akoyoka pasi na kotanga, batikaka muana na bango akende kelasi. Soki balingaka muana na bango, baboti bakosunga mpenza muana na bango atanga makasi to akutana na makambo malamu mingi. Ezali lolenge moko na motema na Nzambe Tata oyo Atinda moto na mokili oyo mpe akolisa bango lokola bana na Ye ya solo na nzela na makambo nioso bakokutana na yango.

Mpona tina wana, Nzambe atiaka nzete na boyebi malamu mpe mabe na Elanga na Edeni mpe Apekisaki te Adamu na Ewa nakolia mbuma na yango na kopona na bango moko. Abongisaki makambo nioso mpo ete moto asepela esengo ya lolenge nioso, kanda, mawa mpe bisengo nioso na mokili oyo mpe bakoma bana na Ye ya solo na nzela na koleka na baton a mokili

Mpo ete bakoyeba mpe bakoyoka esengo ya solo na nzela ya koleka na baton a nse na moi, bana na Nzambe bakoyokisa lisusu Nzambe pasi te, lolenge Adamu asalaka na Elanga na Edeni ata soki tango boni eleki. Kutu, bakolinga Ye mingi mpe mingi na koleka, mpe bakotondisama na esengo mpe matondi mpe bakopesa Ye nkembo ya koleka.

Esengo ya solo na Lola

Bana na Nzambe oyo bakutana na kolela, mawa, pasi, bokono, kufa mpe bongo na bongo kati na mokili oyo, bakokota na Lola ya seko mpe bakosepela na solo, bolingo, esengo mpe matondi kuna mpona seko. Bakoyoka esengoya bisengo oyo ekoka na Lola.

Na mokili oyo ya mosuni, biloko nioso bipolaka mpe bikufaka, kasi ezali kopola moko te, kufa, pinzoli, mpe mawa na bokonzi na seko na Lola. Wolo ezali eloko bato bamonaka motuya mingi na mokili oyo kasi ba nzela nioso na Yelusalema ya Sika mizali ya wolo. Bandako ya Lola misalama malamu mingi mpe na mabanga na talo. Boni malamu mpe na nkamwa mizali!

Nazalaka kotala wolo mpe mabanga na talo lokola biloko ya motuya koleka kino tango nakutanaki na Nzambe, kasi na tango nayaka koyekola likola na Lola ya seko, nabandaka komona makambo niso na mokili oyo lokola pamba mpe na tina te.

Ntoma Polo akokaki koleka nzela na ye ya pasi kino suka na esengo mpe matondi, mpo ete amonaki Lola ya misato oyo Nzambe atalisaki ye na emoniselo. Asengelaki koleka na pasi makasi mingi lokola aposolo ya bikolo. Nzambe atalisaki ye kitoko monene ya Lola mpe apesaki ye makasi ya kokende nzela na Ye. Kino suka na elikya na lola. Abetamaka na ba nzete, abetamakafimbo mbala na mbala, abetama mabanga, atiama na boloko mbala ebele, mpe atangisa makila na ye tango azalaki koteya sango malamu na Nkolo. Kasi ata bongo, Polo ayebaka makambo yango nioso milingaki kofutama mingi koleka nioso na Lola. Na suka, ba pasi na ye nioso mizalaki mpona lipamboli na ye.

Baton a Nzambe batiaka elikya moko mpona mokili oyo te. Blikyaka kaka mpona bokonzi na likolo. Mokili oyo ezali ngonga moko na miso na Nzambe, kasi bomoi na bokonzi na likolo ezali seko. Kolela ezali te, to mawa, to minyoko, to kufa na Lola. Bongo bakoki kobika seko na esengo na elikya ya lifuti monene oyo Nzambe akofuta bango na Lola kolandana na oyo balonaki tobasalaki.

Bongo, nabondeli na Nkombo na Nkolo Yesu Christu ete bososola mokamo mpe bolingo monene ya Nzambe Mokeli mpe bo mibongisa mpona kokota lola mpo ete bosepela bomoi ya seko mpe esengoya solo, na kitokoya nkamwa mpe nkembo na Lola.

Chapitre 4

Sekele oyo ebombama liboso na tango ebanda

"Ata bongo tozali koloba na mayele epai nab a oyo bakoli; ezali mayele na ekeke oyo te to na mokonzi na ekeke oyo te ba oyo bakolimwa; Kasi tozali kolobela mayele mabombami na Nzambe, na nkuku,, oyoNzambe abongisaki liboso na bikeke mpona nkembo na biso;Moko te na mikonzi ya ekeke oyo ayebaki yango. Pamba te soki bayebaki yango mbe babomaki nkolo na nkembo na ekulusu te."

1 Bakolinti 2:6-8

Adamu na Ewa bamekamaki na nyoka na Elanga na Edeni, babukaki mobeko na Nzambe, mpe baliaki na nzete na boyebi malamu mpe mabe mpo ete bazalaki na mposa na makanisi na bango ya kozala lokola Nzambe. Lokola lifuti, bango na bakitani na bango nioso bakomaki basumuki.

Na mayele na bato, Adamu na Ewa bazalaki baton a mawa mpo ete ba benganaki bango na Elanga na Edeni mpe basengelaki kokende o nzela ya kufa.

Kasi na kolimbola na molimo, ezali lipamboli ya nkamua na Nzambe wuta bakozwa libaku malamu ya kosepela lobiko, bomoi na seko mpe mapamboli na Lola na nzela ya Yesu Christu.

Na nzela ya koleka na baton a nse na mpoi, sekele oyo ebombamaka mpona nkembo na bino liboso na tango ebanda etalisamaki mpe nzela na lobikoefungwamaki monene na bikolo nioso. Tika tokota na mozindo kati na sekele oyo ebombamaki liboso na tango ebanda mpe lolenge kani nzela na lobiko efungwamaki.

1. Mpifo na Adamu epesami epai na Zabolo

Na Luka 4:5-6, tomoni zabolo komeka Yesu oyo awutaki kosilisa kokila na mikolo 40:

Mpe akambaki ye na likolo mpe atalisaki ye bokonzi nioso na mokili na mwa tango moke moke. Satana alobaki na ye ete, nakopesa yo bokonzi oyo nioso, mpe nkembo na yango, mpo ete esili kopesama na ngai, mpe soki nandimi kopesa nani yango, nakopesa yango na ye."

Zabolo alobi ete akopesa mpifo yango na Yesu mpo ete epesamelaki ye epai na moto mosusu. Pona nini Nzambe, oyo Akambaka makambo nioso, Andimaki ete mpifo nioso epesamela zabolo?

Elobi na Genese 1:28, "Nzambe apamboli bango; mpe Nzambe alobelaki bango ete, bobotaka mpe bozala na kobota mingi, mpe botondisa mokili mpe botia yango na nse na bino; mpe bozala na bokonzi na likolo na mbisi na mai, na ndeke na likolo, mpe na likolo na nyama nioso na bomoi ikotambolaka na mokili.' "

Adamu azwaka epai na Nzambe mpifo mpe nguya ya kokonza makambo nioso.

Etangi na Baloma 6:16 ete,"Boyebi te ete soki bokomipesa bino mpenza epai na moto ete bosalela ye na botosi, bozali baumbu na ye oyo bokotosa, soki baumbu na masumu oyo ikokamba kino kufa, soki baumbu na botosi oyo ikokamba kino na boyengebene? Bozali baumbu na masumu to na boyengebene. Soki bokosala masumu, bozali baumbu na masumu mpe bokokambama na kufa. Soki bokotosa maloba na boyengebene, wana, bozali baumbu na boyengebene mpe bokokota na Lola.

Adamu asalaki lisumu ya koboya kotosa na Nzambe mpe akomaki moumbu ya masumu. Bongo akokaki lisusu te kozala na mpifo nioso mpe nguya oyo Nzambe apesaki ye. Asengelaki kopesa mpifo na nguya nioso epai na zabolo kaka lokola biloko nioso ya moumbu ezalaka ya nkolo na ye. Na mokuse, Adamu apesaki mpifo mpe nguya na ye nioso, oyo Nzambe apesaki ye epai na zabolo mpo ete asumukaki mpe akomaki moumbu na masumu.

Kozanga kotosa ya Adamu ekomaki lisumu na bato nioso. Ememaki ye na bakitani na ye nioso, kosalela zabolo lokola baumbu mpe ba finama na kufa.

2. Mobeko na kosikola mabele

Eloko nini esengeli na bato kosala mpona kosikolama na moyini zabolo mpe Satana mpona kobika na masumu mpe kufa? Bamisusu balobaka ete, "Nzambe alimbisaka kaka moto nioso mpo ete 'Nzambe azali bolingo. Atonda na mawa mpe ngolu." Kasi, 1Bakolinti 14:40 elobi ete, "Tika ete makambo nioso misalema na motindomozali, na nsoni te mpe na mobulu te.."

Nzambe Asalaka makambo nioso na motindo esengeli kolandana na mibeko na molimo. Nzambe Asalaka eloko moko ten a kotelemelaka mibeko na molimo mpo ete Azali Nzambe na sembo mpe solo.

Na molimo, ezali na mobeko mpona kopesa basumuki etumbu, elobi, "Lifuti na masumu ezali kufa." Lisusu, ezali na mobeko mpona kosikola basumuki.Mobeko oyo ya molimo esengeli kosalelama mpona kozongela mpifo oyo Adamu apesaki na Zabolo.Bongo, mobeko ya kosikola basumuki ezali nini? Ezali mobeko ya kosikola mabele oyo ekomami na boyokani na kala. Liboso na tango kobanda, Nzambe Tata Abongisaki na kuku nzela ya lobiko na bato kolandana na mobeko oyo.

Nini mobeko ya kosikola mabele ezali ?

Oyo ezali mobeko na Nzambe na bana na Yisalele na Lewitiko 25:23-25:

Mabele, ekotekisama seko te, mpo ete mabele ezali ya ngai; Bino bozali bapaya mpe bafandi na ngai. Kati na mokili mozali na bino bokondima ete moto asikola mabele na ye. Soki ndeko nay o akomi mobola, mpe atekisi ndambo na mabele na ye, mbe ndeko na ye akosikola yango esili ndeko na ye kotekisa.

Eteni nioso yam abele ezali ya Nzambe mpe ekoki kotekama mpona libela te. Soki moto ateki mabele na ye mpona bobola na ye, Nzambe andimi ete ye to ndeko na ye ya pembeni basomba lisusu mabele wana.Oyo ezali mobeko ya kosikola mabele.

Bato na Yisalele babongisaki certfica ya boyokani kati na bato mibale mpona mabele, kolandana na mobeko na kosikola mabele pona koteka mabele mpona libela te, tango bakoteka to kosomba mabele.

Moteki mpe mosombi bakokoma kati na likasa na certificate mpo ete moteki to ndeko na ye ya pene pene akoka kosikola yango na sima na tango. Bakosala photocopy na yango mpe bakobetisa mikoloto na bango mibale na liboso mpe sima na lokasa na miso na ba temoin mibale to misato. Moko na likasa ekotiama na kati na tempelo mpe ekongama kuna. Mosusu ekofungolama mpe ekotiama na ndako na ekotelo mpe ekotikala polele. Mobeko na kosikola mabele epesi nzela na motekisi to ndeko na ye, ya kosikola mabele na tango nioso.

Mobeko ya kosikola mabele mpe lobiko na bato

Mpona nini Nzambe abongisaki nzela ya kobika na bato kolandana na mobeko na kosikola mabele? Genese 3:19 mpe 23 elobeli biso ete mobeko na kosikola mabele ezali kokutana na lobiko na bato:

Na motoki na elongi na yo nde okolia lipa, kino tango okozongana mabele, mpo ete na yango nde akamatamaki; mpo ete ozali mputulu mpe okozonga mputulu (Genese 3:13)

Yango wana Yawe Nzambe abimisaki ye na Elanga na Edeni,

mpona komimolamabele bisika wapi akamatamaki.(Genese 3:23)

Nzambe alobelaki Adamu na sima na ye kobuka mobeko ete, "Ozali mputulu mpe okozonga na mputulu." Awa, "mputulu" elakisi moto oyo asalema na mputulu. Bongo, moto azongaka na mputulu na sima kufa na ye.

Mobeko na kosikola mabele elobi ete mabele nioso ezali ya Nzambe mpe ekoki kotekama seko te. Etalisi mpe ete mpifo mpe nguya nioso oyo Adamu azwaki na Elanga na Edeni epai na Nzambe ekoki te kotekama mpona seko mpo ete mizali ya Nzambe.

Nguya na Adamu epesamaki na moyini zabolo mpe Satana kasi ye oyo azali na makoki mpona kosikola mpifo oyo Adamu abungisaki akokaki kozongisela ye yango. Bongo, Nzambe na sembo abongisaki mosikoli malamu kolandana na mobeko na kosikola mabele.Mosikoli wana azali mobikisi na bato nioso.

3. Sekele oyo abatama wuta liboso na kobanda na tango

Liboso na kobanda na tango Nzambe na bomoi ayebaka ete Adamu akoboya kotosa Ye mpe bakitani na ye nioso bakokweya na nzela na kufa. Abongisaki nzela ya lobiko na baton a kuku mpe abombaki yango kino tango ya kopona na Ye ekokaki.

Soki zabolo ayebaka nzela na Nzambe, alingaki kotelemelaNzambe mpona kosilisa likambo na masumu mpe kufa na bato nioso mpo ete abungisa nguya na ye te. 1 Bakolinti 2:7 etalisi ete "Nde tozali kolobaka mpo na mayele mabombami na Nzambe, oyo na nkuku, oyo Nzambe alakisaki liboso na ekeke mpona nkembo na biso."

Yesu Christu bwanya na Nzambe

Baloma 5:18-19 elobi ete,"Bongo, pelamoko libunga na moto moko ayeisi kokweya mpo na bato nyoso, boye mosala na boyengebeni na moto moko eyeisi elonga mpe bomoi mpona bato nioso. Mpo ete mpona bozangi botosi na moto moko ba mingi bakomaki basumuki, mpe mpona moto moko na nzela na botosi na ye akomisi bato mingi bayengebene."

Bato nioso bakokoma bayengebene mpe bakobika mpona botosi na moto mokolokola bato nioso bakokoma basumukimpe bakokweya na nzela na kufa mpona bozangi botosi na moto moko. Lolenge moko, Nzambe atinda Yesu-Christu, oyo abongisaka lokola nzela na lobiko na kuku mpe atikaka ete Yesu abakama na ekulusu mpe asekwa. Wuta wana, nani nani oyo akondimela ye,akobika.

Na 1 Bakolinti 1:18, Nzambe ayebisi biso ete "Mpo ete liteya na ekulusu ezali bolema epai na babebi, kasi epai na biso bato tozali kobika,ezali nguya na Nzambe."

Ezali bolema epai na bato misuse ete Muana na Nzambe na Nguya nioso etukamaki mpe abomamaki na bikelamo na ye.Kasi, bozoba oyo na mokano na Nzambe ezali mayele koleka mokano na bato mayele mingi mpe:bolembu na Nzambe ezali makasi mingi koleka monene na makasi na bato(1 Bakolinti 1:19-24). Biblia etalisi malamu ete moto moko te akoki kobengama sembo na miso na Nzambe na kobatelaka kaka mobeko. Kasi, Nzambe afungolaki nzela na lobiko na moto nioso oyo andimeli Yesu Christu na nzela oyo ya pete. Lifuti na masumu ezali kufa. Boye, moto moko te akokaki kobika soki Yesu akufaka mpona masumu na biso te mpe asekwa lisusu na nguya na Nzambe. Na boye, Nzambe abongisaka nzela oyo ekokaki komonana pamba mpe na bozoba, nde abombaki yango mpona tango molayi.

Nzambe abombaka Yesu Christu mpe kobakama na ye na ekulusu kati na kuku, mpo pamba te, soki moyini zabolompe Satana, soki bayebaka yango, balingaki kotelemela nzela na lobiko na bato. Zaboloakokaki te koboma Yesu na ekulusu soki ayebaka ete Nzambe abongisaka nzela na lobika o nzela ya ekulusu mpona kosikola baton a masumu, kobikisa bango na kufa, mpe kozongelampifo na Adamu.

Lisusu, kanisa 1 Bakolinti 2:7-8: "Nde tozali kolobaka mpona mayele mabombami na Nzambe, oyo na nkuku, oyo Nzambe alakisaki liboso na ekeke mpona nkembo na biso; moko ten a mikonzi na ekeke oyo basosolaki yango; pamba te soko bayebaki yango nde babomi ten a ekulusu Nkolo na Nkembo."

4. Yesu akoki kolandana na Mobeko

Lokola boyokani nioso ezalaka na mobeko, mokili na molimo mpe ezalaka na mobeko, oyo elobi ete mobikisi asengeli kokoka mpona kozongisa moto mpifo oyo ebungisaki Adamu na zabolo kolandana na mobeko na kosikola mabele.

Ndakisa, toloba ete ezali na moto oyo ekweiyi na mombongo na ye. Azali na niongo monene kasi azali na makoki ya kofuta yango te. Soki azali na ndeko mobali ya mozwui oyo alingaka ye, ndeko na ye akofutela ye niongo nioso.

Bato nioso oyo bazali basumuki wuta kokweya na Adamu bazali na bosenga na mosikoli oyo kosukola bango na masumu. Bongo, nini ezali makoki na mosikoli? Mpona nini Biblia elobi ete, kaka Yesu nde akoki?

Yambo, esengeli na mosikoli kozala moto

Na Lewitiko 25:25, elobi ete, "Soko ndeko nay o akomi mobola, mpe atekisi ndambo na mabele na ye, mbe ndeko na ye akosikola yango, soki esili ndeko na ye kotekisa yango." Mobeko na kosikola mabele elobi ete, soko moto akomi mobola mpe ateki mabele na ye ndeko na ye ya pene pene akoki kosikola oyo ye etekaki.

1 Bakolinti 15:21-22 etangi, "Lokola kufa eyaki na nzela na moto moko, lisekwa mpe eyei na nzela na moto. Mpo ete lokola na Adamu nioso bakokufa, boye na Christu nioso bakozwa bomoi." Makoki ya liboso na mobikisi oyo akoki kozongisa mpifo na Adamu ezali ete asengeli kozala moto. Likambo oyo ekomami na molayi na Emoniseli 5:1-5:

Na loboko na mobali na Mofandi na kiti na bokonji namonaki mokanda mosili kokomama na kati mpe na sima, mpe mosili kokangama na bilembo nsambo. Namoni mpe angelu makasi kosakola na mongongo makasi ete, nani abongi na kokangola mokanda mpe na kokangola bilembo na yango? Na likolo, na mokili to na nse na mabele, moto moko te akokaki kokangola mokanda soko kotala kati na yango. Ngai mpe nalelaki mingi mpo ete moto moko te azuamaki oyo abongi kokangola mokanda soko kotala kati na yango. Nde moko na mikolo alobi na nagai ete, kolela te, tala, nkosi na Yuda ntina na Dawidi, asili kolonga, boye ye akoki kokangola mokanda na bilembo na yango sambo."

"Buku ekomami na kati mpe libanda, mokangami na bilembo sambo" etalisi boyokani oyo esalemaka kati na Nzambe mpe zabolo tango Adamu abukaka mobeko na Nzambe mpe akomaki mosumuki. Ntoma Yoane akokaki te komona moto oyo akokaki kokangola bilembo na mokanda to kofungola yango na Lola mpe na mabele, to na nse na mabele.

Ezalaki mpo ete Ba angelu na Lola bazali bato te, bato nioso na mabele bazali basumuki mpo bakitani na Adamu, mpe na nse na mabele, bazali kaka milimo mabe na zabolo mpe milomo mikufa ba oyo basengeli na lifelo.

Na tango wana, moko nab a mpaka alobelaki Yoane ete, "Kolela te";tala, nkosi na Yuda,Ntina na Dawidi, asili kolonga, boye ye akoki kokangola buku na bilembo na yango sambo."

Awa, Ntina na Dawidi ezali Yesu, oyo abotamaki lokola mokitani na Mokonzi Dawidi na ekolo na Yuda (Mosala 13:22-23).

Basusu bakoki koloba ete "Nzambe Akoka".. Yesu aAzali solo Nzambe mpo ete Azali Muana na Nzambe. Azala moto te." Mpe Yoane 1:14, oyo etangi"Mpe Liloba elataki nzoto, mpe Ebikaki kati na biso.." Nzambe, oyo azalaka Liloba, Akomaki nzoto mpe abikaki awa na mokili kati na biso.

Ezalaki Yesu oyo Azala Nzambe mpe Ye oyo alataka nzoto

lokola bato. Azalaka Liloba na lolenge na Ye mpe Muana na Nzambe. Azalaka na bomoto mpe bo Nzambe. Kasi, Abotamaki mpe akolaki lokola moto kati na nzoto. Lisituale na bato ekabolami na biteni mibale kolandana na tango na mbotama na Yesu lokola ekaboli: Avant. Jesus Christ., mpe A.P.J.C après Jesus-Christ (Annee du Seigneur). Yango kaka ezali kotalisa ete Yesu elataka nzoto mpe Ayaka na nse na mokili oyo. Mbotama na Yesu, kokola na Ye, mpe kobakama na Ye na ekulusu mizali mpe eteni ya likambo oyo.

Bongo Yesu, Azali moto mpe akoki mpona kosikola biso..

Ya mibele, asengeli te kozala mokitani na Adamu

Moto na nyongo akoka te kofuta niongo ya bato misusu. Ye oyo aza na niongo te mpe azali na makoki ya kofutela baninga nde akoki. Na lolenge moko, mosikoli na bato nioso asengeli kozala na mbeba te mpe na salite te mpona kosikola bato nioso na masumu mpe kufa. Bato nioso bazali bakitani na Adamu mpe basumuki mpo ete tata na bato nioso Adamu asumukaki. Moko te kati na bakitani na ye akoki kosikola mpo ete bango moko bazali basumuki. Ata moko na bato ya minene koleka na kala akoka te kotelema mpona masumu na basusu.

Bongo Yesu Azali na makoki oyo?

Matai 1:18-21 etalisi mbotama na Yesu. Abotamaki na Molimo Mosantu, kasi na lisanga ya mobali mpe muasi te.

Eteni oyo etangi et:

Kobotama na Yesu Klistu ezalaki boye. Esili Malia, mama na ye, kobandama na Yosefe, naino ebalanaki bango te, azwami na zemi mpona Molimo Mosantu.. Mobali na ye Yosefe azalaki moto na boyengebene mpe alingaki komonisa ye nsoni na miso na bato te; akani kolongola ye na nkuku. Ezalaki ye kobanza banza bongo agelu na Nzambe amonani na ye na ndoto, mpe alobeli ye boye, "Yosefe mwana na Dawidi banga te kozwa Malia muasi na ye. Pamba te, oyo ekomeli ye ezali mpona Molimo Mosantu.Akobota muana mobali, mpe okobianga ye Yesu, mpo ye akobikisa baton a ye na masumu.

Yesu azalaki mokitani na Dawidi kolandana na bokoko na ye (Matai 1; Luka 3:23-37). Kasi, zemi na Ye eyaki na Molimo Mosantu liboso na Malia asangana na Yosefe.Bongo, azalaki na lisumu ya mbotama te.

Moto nioso abotamaka na lisumu ya mbotama mpo ete azwaka yango na baboti na ye. Elingi koloba ete, na sima na Adamu kosumuka, apesaki lisumu kati na ye na bakitani na ye nioso. Lisumu ya makila epesama na bato nioso kino lelo, mpe lisumu yango ebengamaka "Lisumu ya makila." Na yango, bakitani nioso na Adamu bazali basumuki mpe bakoki kosikola basusu te.

Nde, Nzambe Tata abongisaki Muana na Ye Yesu aya na nguya na Molimo Mosantu na libumu na Moseka Malia. Na lolenge oyo, Yesu akomaki nzoto mpe akitaki na mokili oyo, kasi azalaki mokitani na Adamu te.

Ya misato, Asengeli kozala na nguya ya kolonga zabolo

Lisusu, Lewitiko 25:26-27 elobi ete:

Soko moto yango azali na moto na kosikola yango te, mpe na sima ye azwi mosolo ya kosikola yango,mbe atanga mbula esili koleka na sima na tango etekisi ye yango, mpe ezongisa motuya oyo elekie epai na moto oyo asombi yango, mpe na sima akozonga na elanga na ye.

Na mokuse, mosikoli asengeli azala na nguya ya kokangola mabele atekisaki. Mobola akokoka te kofuta niongo na moninga na ye ata soki azali na posa ya kosala yango. Na lolenge moko, mosikoli asengeli te kozala na masumu mpona kozalana makoki ya kosikola bato nioso na masumu na bango. Kozanga lisumu ezali makasi na moto na mokili na molimo.

Mosikoli asengeli kozala na nguya ya kokweisa moyini zabolo na Satana mpe azongisa mpifo Adamu abungisa. Bongo, mosikoli asengeli te kozala na masumu ya mbotama to oyo ye moko asalaka. Kaka mosikoli oyo azanga masumu nde akoki kokweisa zabolo mpe asikola bato niso na maboko na zabolo.

Ezalaki Yesu na lisumu te?

Yesu azalaki na lisumu te mpo ete Abotamaki na Molimo Mosantu. Atosaki mobeko na Nzambe na mobimba mpo ete akolaki na baboti oyo babangaka Nzambe. Akokisaki mobeto na bolingo. Akatamaki ngenga o mokolo ya mwambe na sima na mbotama na ye (Luka 2:21). Atikala kosala lisumu na ye moko te kasi atosa kaka mokano na Nzambe kino tango abakamaki na ekulusu na mbula 33 (1 Petelo 2:22-24; Baebele 7:26). Yesu akokaki kolonga zabolo mpe akokaki kosikola bato mpo ete azalaki na lisumu moko te. Kozanga lisumu na ye etatolamaki na nzela na misala na Ye mingi ya nguya. Abengana ba demon, amonisa bakufi miso, bayokaka te bayoka, bakakatani batambola, mpe abikisa bokono nioso abikisamaka te. Mbonge mpe mopepe monene Akitisa na kimiatango apamelaki mopepe makasi mpe alobelaki mai, "Kimia, zalanye!" (Malako 4:39)

Ya suka, esengeli Azala na bolingo ya komikaba

Ata mozwi akokoka te kosikola mabele soki azali bolingo te mpona moto oyo atekisaki yango. Na lolenge moko, mosikoli asengeli kozala na bolingo mpona basumuki na komikaba Ye moko mpona kosilisa libela likambo na masumu.

Na Ruth 4:1-6,Boaz ayebaki malamu bobola na Naomi mpe ayebisako yango na ndeko na ye ya pembeni koleka.

Boaz akomaki mosikola na kokoka mpe abalaka Luta mpo ete azalaka na bolingo ekoka mpona kosikola mabele na Naomi. Muana mobali oyo Bpoaz na Luta babotana azalaka koko na koko na Mokonzi Dawidi. Mpe batiaka nkombo na ye na molongo na bakoko ya libota na Yesu.

Yesu abakamaki na ekulusu na bolingo. Yesu azalaki Liloba, kasi Akomaka nzoto mpe Ayaka na mokili. Azalaki mokitani na Adamu te mpo ete abotamaka na Molimo Mosatu. Bongo, abotamaki na masumu na makila te. Azalaka na nguya ya kosokola bato nioso na masumu mpo ete azalaki na lisumu te.

Kasi, Akokaki te kokoma mosikoli soki amikabaka na molimo mpe na bolingo te, ata soki azalaka na makoki oyo misato misusu. Esengelaki azwa etumbu ya masumu esengelaki na basumuki kozwa mpo ete asikola bato nioso na masumu na bango.

Asengelaki kozwama lokola mobimi mabe koleka mpe abakama na ekulusu na nzete mabe. Asengelaki kofingama mpe kosekama, mpe atangisa makila nioso mpe main a nzoto na ye mpona kobikisa bato nioso.Asengelaki kofuta motuya monene mpe mbeka monene.

Bokoki te komona na lisituale na bato, bisika wapi mokonzi

mozangi masumu akufela baton a ye ya mabe mpe ba zoba.

Yesu Azali Muana moko na likinda na Nzambe na Nguya niso, Mokonzi na bakonzi, Nkolo nab a nkolo, mpe mokonzi na bikelamo nioso. Oyo Mokonzi monene boye, mpe Yesu Oyo Azali na mabe moko te Abakamaka na ekulusu mpe akufaka na kotangisaka makilia na Ye nioso. Boni bolingo yango ezanga suka Azalaka na ngo mpona biso?

Kutu, Yesu Asalaka kaka misala malamu na bomoi na ye nioso. Apesa bolimbisi na basumuki, abikisa babeli ya lolenge nioso, akangola ebele nab a demona, apesa sango malamu ya kimia, esengo, mpe bolingo, mpe apesa na bato elikya ya solo mpona Lola mpe lobiko. Likolo na nioso, Apesaki bomoi na ye mpona basumuki.

Baloma 5:7-8 etangi, "Moto akondima kokufa mpona moyengebene solo ye. Kasi soko moto azali malamu mingi, mosusu akoki kozala na molende mpona kokufela ye. Nde Nzambe Amonisi bolingo na Ye mpona bison a nzela oyo: Tango ezalaki biso baton a masumu, Christo Akufelaki biso." Nzambe Tata Atinda Mwana na Ye se moko na likinda Yesu mpona biso, ba oyo tozali malamu to sembo te, mpe Andima Ye Abakama na ekulusu mpe akufa likolo na yango. Atalisa bolingo na Ye monene na lolenge oyo.

Bongo, nabondeli na nkombo na Nkolo ete bososola ete bokoki kobika na kombo mosusu te kaka na nkombo na Yesu Christu, bozwa makoki ya kokoma bana na Nzambe na kondima Yesu Christu, Mpa tango nioso bosepela bomoi na elonga na assurance ya Lobiko!

Chapitre 5

Pona nini Yesu kaka nde Mobikisi?

"Ye Yesu azali libanga oyo litiolami na bino batongi, ye mpe asili kokoma moto na snsuka. Lobiko mpe ezali na moto mosusu te, mpo ete nkombo mosusu te esili kopesama awa na nse kati na bato ete tokoka kobika mpona yango."

Misala 4:11-12

Bokolinga Nzambe na mitema na bino nioso tango bososoli mozindo mpe ekenge na mokano na bokoli na bato. Bosengeli kokwama bolingo mpe bwanya na Ye tango bososoli mokano ya lobiko na nzela na Yesu Christu.

Bongo, lolenge nini ezalaki mokano na lobiko oyo ebombamaka liboso na tango ebanda, kokokisama na nzela na Yesu Christu? Nayebisaki bino liboso ete Nzambe na sembo abongisaka Ye oyo akokaka mpona kosikola bato nioso kolandana na mobeko na molimo mpe ezali na moto moko ten a nse na mapata oyo akokisi likambo yango.

Kaka yesu moko nde azalaki moto kasi mokitani na Adamu te mpo ete abotamaki na Mlimo Mosantu mpe Ayaka na mokili na nzoto. Lisusu, Azalaki na nguya mpe bolingo mpona kosikola bato nioso. Nde Akokaki kofungola nzela na lobiko na bato nioso na kobakama na ekulusu.

Bongo, elobama na Misala 4:122, "Lobiko mpe ezali na moto mosusu te, mpo ete nkombo mosusu te esili kopesama awa na nse kati na bato ete tokoka kobika mpona yango." Nani nani oyo akoyamba mpe akondimela Yesu Christu alimbisami na masumu nioso mpe abikisama na pole wuta na molili mpe akozwa mpifo mpe mapamboli na bana na Nzambe.

1. Mokano na Lobiko na Nzela na Yesu Christu

Sik'oyo, nakolimbola tina nini osengeli kondimela Yesu oyo abakamaka na ekulusu mpona yo kobikisama mpe ozwa mpifo mpe mapamboli na mwana na Nzambe.

Nzambe Abongisa nzela na Lobiko liboso na kobanda na tango. Buku na Genese esakola likolo na Yesu mpe sekele na koleka na moto na se na moi o nzela ya ekulusu.

Genese 3:14-15 etangi:

YAWE Nzambe Alobeli nyoka ete, "Mpo ete yo osali likambo oyo, olakelami mabe na koleka bibwele nyoso mpe nyamana lisobe nyoso; okotambola na libumu nay o, mpe nakotia koyinana kati nay o na mwasi, kati na libota nay o, mpe libota na ye; ye mpe akonyata moto nay o, mpe okoswa litindi na ye."

Lokola elobamaka na liboso, na molimo, nyoka elakisi moyini zabolo mpe kolia mputulu elakisi moyini zabolo kokonza moto oyo asalama na putulu na mabele. Lisusu, "mwasi elakisi "Yisalele" mpe "Libota na mwasi" elakisi Yesu. Eteni "yo[nyoka] akoswa ye na litindi" elakisi ete Yesu Akobakama na ekulusu, mpe "Ye[libota na mwasi]akonyata ye [nyoka]na moto elakisi ete Yesu Akobuka bokonzi na moyini zabolo mpe Satana na kosekwaka na bawa.

Satana akokaki kososola mokano na Nzambe te

Nzambe Abombaka mokano oyo ya lisiko na kuku, mpo ete moyini zabolo na Satana bakoka koyeba to kokanga bwanya na Ye te. Moyini zabolo na satanabamekaka koboma bakitani na muasi yambo banyatama.Akanisaki ete akokaki kozala na nguya oyo epesamelaki ye na Adamu oyo aboyasaka kotosa Nzambe. Kasi moyini zabolo na Satana bayebaka te nani mokitani na mwasi Azalaki. Bongo, amekaka koboma basakoli oyo balingamaka na Nzambe na tango na Boyokani na kala.

Tango Mose abotamaka, moyini zabolo na Satana bamemaki Falo, mokonzi ya Ejipito, aboma muana mobali nioso abotamaki na basi na Baebele (Esode 1:15-22). Tango Yesu Abotamaka na Molimo Mosantu mpe ayaka na mokili nanzoto, moyini zabolo mpe Satana bamemaki Mokonzi Elode kosala lolenge moko.

Kasi Nzambe Asi Ayebaka mokano na moyini Satana.Muanje na Nkolo abimelaki Yosefe na ndoto mpe ayebisaki ye ete akenda na Ejipito na muana bebe mpe mama na ye. Nzambe andimaka ete libota ebika kuna kino kufa na Mokonzi Elode.

Kobakama na Yesu na Ekulusu endimamaki na Nzambe

Yesu akolaka na kobatelama na Nzambe, mpe abandaki

mosala na ye na mbula 30. Akendaka na Galileamobimba, na kotangisaka na ba synagogeu, kobikisa bikono mpe malali na lolenge nioso kati na bato, kosekwisa bawe, mpe koteya sango malamu epai na babola (Matai 4:23, 11:5).

Na ngonga wana moyini zabolo na Satana babindaki nganga Nzambe mokonzi, balakisi na mibeko, na bafalisai mpona koboma Yesu. Kasi, lokola boyebi kati na Biblia, moto mabe akokaki at ate kosimba Yesu mpo ete makambo nioso na kati na bomoi na Ye esalemaka na mokano na Nzambe.

Nzambe andimaka moyini Zabolo na Satana babaka Yesu na ekulusu kaka na sima na mbula misato ya mosala na Ye. Lokola lifuta, Yesu alataki montole na nzube mpe akufaki na ekulusu na konyokwamaka pasi monene Nzambe andimaka moyini Zabolo na Satana babaka Yesu na ekulusu kaka na sima na mbula misato ya mosala na Ye. Lokola lifuta, Yesu alataki montole na nzube mpe akufaki na ekulusu na konyokwamaka pasi monene ya kobetama sete na maboko mpe na makolo.

Kobakama na ekulusu ezali lolenge mabe koleka ya koboma. Moyini zabolo asepelaki mingi na sima na koboma Yesu na lolenge mabe oyo. Satana ayembaki na sai mpe na esengo mpo ete akanisaki ete akokoba na kokonza mokili, lokola ekozala na moto moko te oyo akokweisa bokonzi na Ye. Lisusu, ezalaki sekele na kuku na mokano na Nzambe.

Moyini zabolo mpe Satana babukaki mobeko na molimo

Nzambe asalelaka nguya na Ye ya boNzambe likolo na Mobeko te mpo ete Azali Sembo. Abongisa nzela naLobiko na mibeko na molimo liboso na kobanda na tango, mpo asalaka nioso na mibeko na molimo.

Wuta lifuti na masumu ezali kufa kolandana na mibeko na molimo (Baloma 6:23), moto moko te akomona kufa soki azangi lisumu. Kasi, moyini zabolo na Satana babakaki o ekulusu Yesu oyo azalaki na mbeba te mpe na likambo te (1 Petelo 2:22-23). Na kosalaka bongo, moyini zabolo abukaki mobeko na molimo mpe akweisamaki na motambo na ye moko. Akomaki esalelo mpona koleka na bato na nse na moi, oyo ebongisamaka na Nzambe. Mokitani na mwasi anyataki moto na ye lolenle esakolamaka na Genese.

Mingi, mingi, nyoka akoki kobika ata soki bonyati ye na moto to bokati ndambo na nzoto na ye, kasi akokoka te soki bafini moto na ye. Bongo, eteni, "Bongo nakotia koyinana kati na yo mpe mwasi, kati na libota nayo mpe oyo ya ye; akoniata yo na moto mpe okoswa ye na litindi," na molimo elakisi ete, moyini Satana akobungisa nguya na ye mpo mpifo mpona Yesu Christu. Nyoka koswa litingi na mokitani na mwasi, elakisi ete Satana akobaka Yesu na ekulusu, mpe yango ekokisamaka lolenge esakolamaka na Genese 3:15.

Lobiko na nzela na kobakama na Yesu na Ekulusu

Nzela na lobiko oyo etiamaka na kuku epai na Nzambe liboso na tango ebanda, ekokisamaka tango Yesu Asekwaka na mokolo ya misato simana kobakama na ekelusu.

Nkoto 6,000 eleka, Adamu apesaka mpifo oyo Nzambe Apesaka ye na Satana, lolenge ye abukaki mobeko na molimo na kozanga kotosa na ye. (Luka 4:6). Kasi, na sima na mbula 4,000, Satana asengelaki kokende na libebi na kobuka mobeko na molimo.

Bongo, moyini zabolo asengelaki kotika nsomi baye oyo bandimeli Yesu lokola Mobikisi na bango mpe bandimeli nkombo na Ye, mpe bayaki kozwa makoki ya kobiangama bana na Nzambe. Bongo moyini zaboloalingaki kobaka na ekulusu Yesu soki ayebaka bwanya na Nzambe? Soko te! Na 1Bakolinti 2:8, basosolisi biso ete, "Bwanya oyo mokomzi moko te ya ekeke oyo asosolaki yango; mpo ete soki bayebaki yango balingaki te koboma Nkolo na Nkembo na ekulusu."

Ba oyo basosola likambo oyo te bamitunaka ete, "Pona nini Nzambe na Nguya Nioso Abatelaka Muana na Ye na Kufa te?" Kasi soki bososola malamu mokano na ekulusu, bokoyeba mpona nini esengelaki na Yesu kobakama na ekulusu, mpelolenge kani akoki kokoma Mokonzi na bakonzi, mpe Nkolona ba nkolo sima na elonga na Ye monene likolo na moyini zabolo. Nde, nani nani oyo akondimela Yesu lokola Mobikisi oyo akufaki na ekulusu mpe asekwaki na sima na mikolo misato mpona kosikola baton a masumu nioso, akoki kobengama moyengebeni mpe abika.

2. Mpona nini Yesu abakamaki na Ekulusu ya nzete?

Pona nini bongo, esengelaki na Yesu abakamana ekulusu ya nzete?Pona nini esengelaki ezala ekulusu ya nzete? Kati na ba lolenge mingi ya koboma, Yesu Akufaki na ekulusu ya nzete.\ kolandana na Bagalatia 3:13-14, ezali na ntina misato ya molimo mpo ete Yesu abakama na ekulusu.\\\\

Yambo, kosikola biso na kolakelama mabe na Mobeko

Bagalatia 3:13 etangi ete, "Kristuasikoli bison a elakeli mabe na mobeko awa Akomaki Ye eloko oyo elakilami mabe mpo na biso, lolenge ekomami ete, Alakelama mabe ye oyo abakami na Ekulusu." Elimboli ete Yesu Asikoli biso na bilakeli mabe na mobeko na kobakama na ekulusu ya nzete.

Bato nioso balakelamaki mabe mpe basengelaki kokende nzela na kufa mpona kozanga kotosa na moto na liboso Adamu, lolenge ekomama kati na Baloma6:23, "Lifuti na masumu ezali kufa." Kasi, Nzambe Apesa Muana na Ye Yesu mpona bato nioso mpe andimaka Ye abakama na ekulusu na nzete mpona kosikola bango na elakeli mabe na mobeko (Dutelenome 21:23)

Lisusu, Yesu atangisa makila na Ye ya motuya na ekulusu. Tala eteni 11 mpe 14 na Lewitico 17:

"Mpo ete bomoi na mosuni ezali kati na makila, mpe ngai nasili kopesa yango na bino na likolo na etumbelo, mpona kosala kozongisa na bondeko na ntina na bomoi, mpo ete ezali makila ekozongisa na bondeko na ntina na bomoi (E.11).

Mpo ete makila ezali bomoi na mosuni nioso (E.14)

Mokomi na Lewitiko akomi ete bomoi ezali makila mpo ete ekelamo nioso ezali na bosenge na makila mpona kobika mpe ekokufa soki ezali te.

Kasi, tango moto akufi, nzoto naye ekozonga na mputulu, mpe molema na ye ekokende na Lola to na lifelo. Mpona kozwa bomoi na seko, bosengeli kolimbisama na masumu na bino nioso. Mpona kolimbisama na masumu na bino, esengeli na makila etanga lolenge Baebele 9:22 elobi ete: "Ee, na nse na mibeko biloko nioso mipetolami na makila, mpe soko makila masopani te, kolimbisama na masumu ezali te." Mpona yango, bato na boyokani na kala basengelaki kopesa mbeka na makila na nyama tango nioso bakosumuka. Kasi, Yesu atangisa makila na Ye motuya mbala moko mpe mpona bato nioso mpo ete bato nioso balimbisama mpe bazwa bomoi na seko mpo Ye moko azalaki na masumu na mbotama te mpe Asalaka lisumu te . Na yango, bokoki kozwa bomoi na seko mpona makila motuya na Yesu. Yango ezali ete, Yesu akufa na bisika na bino mpe afongola nzela mpo na bino bozala bana na Nzambe.

Ya mibale, kopesa Lipamboli na Abalayama

Eteni ya liboso ya Bagalatia 3:14elobi ete "Na bongo, lipamboli na Abalayama ekomela bapagano." Oyo elakisi ete, Nzambe Apesaka lipamboli na Abalayama kaka na BaYisalele te, ata na bapagano baye bandimami sembo na kondimelaka Yesu lokola mobikisi na bango. Abalayama abengamaki "tata na bandimela" mpe "moninga na Nzambe.", mpe abikaki lipamboli na bana, nzoto makasi, bomoi molayi, bozwi mpe bongo na bongo. Tina na Abalayama kopambwama mingi ekomama na Genese 22:15-18:.

Bongo Mwange na Yawe abengaki Abalayama mbala na mibale longwa na likolo ete, Yawe Alobi ete, nasili kokata ndai na nkombo na Ngai mpenza, mpo ete osili kosala oyo, mpe oboyi kopesa mwana na yo te, mwana na yo na likinda, nakopambola yo solo mpe nakofulukisa bana na yo lokola minzoto na likolo mpe lokola zelo na libongo na mai; Bana nay o bakobotola bikuke na bayini na bango. Mabota nioso awa na nse bakopambolama mpona bana nay o, mpo ete yo osili kotosa mongongo na Ngai."

Abalayama atosaki tango Nzambe alobelaki ye "Longwa na ekolo nay o mpe na bandeko nay o mpe na ndako na tata nay o, kokende na mokili okomonisa ngai yo" (Genese 12:1). Atosaki mpe lisusu na mbala moko na kobanzakabanzaka te, tango Nzambe alobaki ete, "Ye alobaki ete, kamata mwana nay o mwana nay o na likinda, Yisaka, oyo yo olingi, mpe kende na mokili na moliya mpe kabe ye pelamoko mbeka na kotumba kuna na likolo na ngomba ekolobela Ngai yo." 9Genese 22:2). Oyo ekokaki kosalamana Abalayama mpo ete andimelaki Nzambe oyo akokaki kosekwisa bawa (Baebele 11:19). Akokaki kozala lipamboli mpe tata na kondima mpo ete azalaki na kondima makasi boye.

Bongo bana na Nzambe ba oyo bandimeli Yesu lokola Mobikisi na bango basengeli kozala na kondima na Abalayama. Bokokoka bongo kopesa nkembo epai na Nzambe na kozwaka mapamboli nioso ya mokili.

Misato, kopesa Elaka ya Molimo

Eteni ya mibale ya Bagalatia 3:14 etangi ete, "Ete toyamba elaka na Molimo na nzela na kondima." Elakisi ete, moto nioso oyo akondimela eteYesu akufaki na ekulusu mpona bato nioso esikolami na elakeli mabe na mobeko mpe azwi elaka na Molimo

Mosantu. Lisusu, moto nioso andimeli Yesu lokola mobikisi akozwa mpifo na mwana na Nzambe mpe Molimo Mosantu lokola likabo mpe makasi (Yoane 1:12; Baloma 8:16).

Tango oyambi Molimo Mosantu okoki kobenga Nzambe Abba, Tata" (Baloma8:15), kombo nay o ekomami na buku na bomoi na Lola (Luka 10:20), mpe okomi moto na Lola (Bafilipi 3:20). Yango ezali mpo ete Molimo Mosantu oyo Azali motema mpe makasi na Nzambe, Akokamba yon a bomoi na seko na kosungaka yo ososola Liloba na Nzambe mpe obika kolandana na Liloba na Ye ya kondima.

Kasi, okoki kobika kaka na tango ondimeli Yesu lokola Mobikisi na yo te , kasi lisusu ondimeli na motema nay o ete abuka nguya na kufa mpe Asekwa. Baloma 10:9 etalisi yango:"Soko okoyambola na bibebo nay o ete, Yesu Azali Nkolo, mpe soki okondima na motema nay o ete Nzambe asekwisi Ye na bakufi, okobikisama."

Liboso na kobanda na tango, Nzambe abongisaki mokano monene mpona kokomisa baye oyo bakondimela Yesu lokola Mobikisi na bango moko na Nzambe, mpe akamba bango na lobiko.Mokano ezali malamu mingi mpe nkamwa. Bato basengelaki kokende na nzela na kufa mpo ete moto ya yambo asumukaki kolandana na mobeko na mokili ya molimo, yango elobi ete, "Lifuti na lisumu ezali kufa".Kasi, bakokaki kosikolama mpo ete Satana abukaki mobeko ya molimo.

Bato basengelaki kobika na pasi, bolozi, mpe kufa oyo moyini zabolo amemaki tango bakomaki baumbu na masumu mpona kozanga botosi. Kasi, moto nioso oyo andimeli Yesu lokola Mobikisi na ye mpe azwi Molimo Mosantu akoki kozwa lobiko, bomoi na seko, lisekwa, mpe mapamboli ya koleka.

Makoki ya mapamboli epesameli bana na Nzambe

" Moto nioso oyo afungoli motema na ye mpe andimeli Yesu Christu akolimbisama, akozwa makoki ya kozala muana na Nzambe,, mpe akosepela kimia mpe esengo kati na motema na ye. Yango ekoki mpo ete Yesu amemaki masumu na biso mbala moko mpe mpona libela na kobakama na ekulusu. Nde, elobami na Nzembo 103:12 ete, "Mosika pelamoko yango kati na epai na ebimelo na ntango mpe epai na elimwelo na yango, mosika boye Asili kolongola masumu na biso." Lisusu, etangi na Baebele 10:16-18 ete "oyo ezali boyokani ekokatama kati na Ngai na bango, nsima na mikolo yango Nakokoma mibeko na Ngai likolo na mitema na bango, nakokoma yango mpe likolo na makanisi na bango. Na nsima Abakisi ete, nakokanisa masumu na bango mpe mabunga na bango lisusu te. Na esika ezali kolimbisama na makambo, wana likabo mpona masumu ezali te..

Ezali na elokomoko te na mokili oyo ekoki kokokana na makoki ya kobengama muana na Nzambe oyo epesamaka na kondima.Na mokili oyo, makoki ya muana Nkumu to Mokonzi ya ekolo ezala makasi mingi. Bongo boni monene, ekozala makoki na muana na Nzambe Mokeli oyo akonzaka mokili mpe Akambaka lisituale na bato mpe univer?

Nzambe Azwaka yango lokola kondima ya solo te, tango okoloba kaka. Ete,"Yesu Azali mobikisi." Osengeli kososola nani Yesu Christu Azali, Pona nini Azali Ye kaka Mobikisi moko mpona yo, mpe ozwa kondima ya solo na makambo oyo.

Bongo,na kondima wana ososola Mokano na Nzambe na ebombana na kuku na ekulususu mpe otatola ete, "Nkolo Azali Christu mpe mwana na Nzambe na bomoi." Soki kondima oyo ya solo ezali te, ezali pasi mingi mpona yo kozala na kondima oyo ewutaka na motema mpe obika kolandana na Liloba na Nzambe. Bongo, lokola Yesu Ayebisaka bison a Matai 7:21"Ezali moto nioso te oyo akolobaka na ngai, Nkolo, Nkolo,nde akoyingela na bokonzi na Likolo,kasi,kaka ye oyo akosalaka Mokano na Tata na Ngai na Likolo nde akoyingela." Yesu atalisi malamu ete kaka baye bakobengaka Ye Nkolo, Nkolo mpe bakobika na Mokano mpe na Liloba na Nzambe nde bakobikisama.

3. Kombo mosusu te na mokili kaka "Yesu Christu"

Misala 4 etalisi likambo bisika wapi Petelo na Yoane

batatolaki na molende nkombo na Yesu Christu liboso na Saladeni.Bandimaki mpenza ete ezalaki na nkombo mosusu te libanda na "Yesu Christu" na nzela nini moto akoki kozwa lobiko, mpe Petelo oyo atondisamaki na Molimo Mosantu, azalaki na nguya ya kotatola ete "Lobiko mpe ezali na nkombo mosusu te, mpo ete nkombo mosusu te esili kopesama awa na nse kati na bato ete tokoka kobika kati na yango." Misala 4:12)

Bokeseni kati na "Yesu" Mpe "Yesu Christu"

Misala 16:31 alobeli biso"Ndimela Nkolo Yesu,mpe okobikisama yon a libota nay o mobimba." Ezali na tina oyo elobi "Nkolo Yesu," kaka "Yesu" te.

Awa, Yesu elobeli moto oyo akobikisa baton a ye na masumu na bango. "Christu" ezali liloba na ki Hela, yango ezali 'Mesia" na Baebele. Ezali Ye oyo apakolami mafuta Esantu (Misala 4:27) mpe elobeli Mobikisi oyo Azali Nganga kati na Nzambe mpe bato. Ye nde, "Yesu" ezali nkombo na Mobikisa na koya, kasi "Christu" ezali nkombo na Mobikisi oyo asi Abikisaki baton a Ye.

Na tango ya boyokani na kala, Nzambe Azalaka kopakola mafuta na moto oyo akozala mokonzi, to nganga Nzambe, to Mosakoli na kosopela ye mafuta na moto (Lewitiko 4:3; 1 Samuele 10:1; 1 Bakonzi19:16).Mafuta elakisi Molimo Mosantu. Bongo, kopakolamoto elakisi kopesa Molimo

Mosantu na moponami na Nzambe.

Yesu apakolamaki mafuta lokola Mokonzi, Nganga Nzambe Mokonzi, mpe Mosakoli, mpe Ayaka na mokili oyo na nzoto mpona kobikisa bato nioso kolandana na Mokano na Nzambe oyo ebongisamaka liboso na kobanda na tango. Abakama na ekulusu mpona kosikola biso mpe Akomaka Mobikisi na kosekwa sima mikolo misato. Bongo, Azali Mobikisi Oyo Akokisa Mokano na Nzambe mpona Lobiko. Tala tina Azali Ye "Christu."

Liboso na Ye kobakama na ekulusu tolobeli Ye lokola "Yesu" Kaka. Kasi, na sima ekulusu mpe lisekwa, Asengeli na kobengama "Yesu Christu," "Nkolo Yesu," to "Nkolo."

Bosengeli koyeba ete ezali na bokeseni mingi ya nguya kati na "Yesu" mpe "Yesu Christu," kasi, yango esangisi billoko miye misato: makila oyo esikoli bison a masumu na biso; lisekwa oyo ebuki nguya na kufa; mpe bomoi oyo ezali na suka te. Liboso na nkombo oyo, moyini zabolo alengaka na kobanga.

Ba mingi babwakisaka eloko oyo mpo ete basosolaka bokeseni oyo te. Kasi, ezali ya solo ete Biyano mpe Misala na Nzambe mikokesana kolandanna na nkombo nini bokobelela (Misala 3:6).

Tango bokobondela epai na Nzambe na bison a Nkombo na Nkolo Yesu Christu mpe bobateli likambo yango kati na bino, bokobika bomoi na elonga oyo etondisama na biyano ebele mpe ya mbangu mbangu kowuta na Nzambe na bino na Nguya nioso.

Mobimba na botosi na Yesu

Ata ete Yesu Azalaka mpenza Nzambe, Amonaka te ete ezalaki eloko ye komikokanisa, to ya kotelemela. Amisalaki eloko te; Azwaki lolenge ya komikitisa na moumbu mpe abimaka na lolenge na moto.

Mosali malamu azalaka na mokano na ye moko te. Asalaka kolandana na mokano na mokonzi na ye moko kasi na oyo ya ye te. Ezali mosala na mosali ya kotosa mokano na nkolo na ye ekokana to te na makanisi to posa na ye. Yesu atosaki Mokano na Nzambe na motema ya mosali malamu, mpe na yango akokaki kokokisa mosala na ye mpona lobiko na bato.

Nzambe atombolaki Yesu, oyo Atosaki mokano na Nzambe, nakoloba, "Iyo" na "Amen," na bisika mitombwami koleka mpe Atikaki bato mingi batatola ete Azali Nkolo.

Yango wana Nzambe anetoli Ye mingi mpe Apesi Ye Nkombo likolo na ba nkombo nioso, ete na Nkombo na Yesu mabolongo nioso mifukama yango na likolo, mpe na mokili, mpe na nse na mokili, mpe bibebo nioso mitatola ete Yesu Christu Azali Nkolo, mpo na Nkembo na Nzambe Tata.(Bafilipi 2:9-11).

Nkombo "Nkolo Yesu" Etatoli Nguya na Nzambe

Elobi na Yoane 1:3, "Biloko nioso mizalisami na Ye,mpe soki na Ye te,eloko moko ezalisami te." Lokola biloko nioso mizalisamaki na Yesu, Azalaki na makoki ya kokonza likolo na niso lokola Mokeli. Tango Yesu Muana na Nzambe Mokeli apesi mitindo, biloko mizanga bomoi lokola mopepe to mbonge ya ebale mitosaki Ye mpe mikitaki, mpe nzete na mosuke ekawukai tango alakelaki yango mabe.

Yesu Azalaki na makoki ya kolimbisa masumu mpe kobikisa basumuki na etumbu ya masumu na bango. Bongo, Yesu alobelaki mokakatani na Matai 9:2, "Muana zua makasi; masumu na yo malimbisami" mpe na eteni 6, "'Kasi mpo ete boyeba ete Muana na moto azali na makoki na mokili mpona kolimbisa masumu.' Bongo alobi na mokakatani, 'teleme, lokota,mbeto na yo mpe kenda ndako.'"

Lisusu, Yesu Azalaki na nguya ya kobikisa bokono ya lolenge nioso mpe bokakatani, mpe kosekwisa bakufi. Yoane 11 etalisi esika mokufo Lazalo abimaki na nkunda na bilamba mizingi maboko mpe makolo tango Yesu abengaki na mongongo makasi, "Lazalo, bima." Akufaka mikolo minei mpe ezalaki na solo mabe, kasi abimaki na nkunda lokola moto na nzoto malamu.

Lolenge oyo, Yesu apesapa bino nini nini bokosengaka na kondima, mpo ete Azali na nguya na kokamwisa na Nzambe.

Yesu Christu Bolingo na Nzambe

Elobami na 1 Yoane 4:10, "Bolingo ejali boye te ete biso tolingaki Nzambe, kasi Ye Alingaki biso mpe atindaka Muana na Ye se moko mbeka na masumu na biso," Nzambe alakisaki bolingo na Ye ya nkamwa mpona biso. Atindaki Muana na Ye se moko na likinda lokola mbeka tango tozalaki naino basumuki. Nzambe asengelaki konyokwama pasi monene mpe Afungolaki nzela na lobiko na bato tango Muana na Ye Yesu abetamati sete na ekulusu mpe atangisaki makila. Lolenge nini Nzambe na bolingo Ayokaka tango Asengelaki komona Mwana na Ye na likinda Yesu kobakama na ekulusu? Nzambe Akokaki kotala te tango Azalaka na Ngwende na Ye. Matai 27:51-54 elobeli biso lolenge kani Nzambe Anyokwamaki.

Mpe tala, elamba na Tempelo epasuki longwa na likolo kino na nse mpe mokili eningani mpe mabanga mapasuki mpe malilita mafungwami mpe bibembe mingi na bato na sembo baoyo bazalaki kolala basekwaki; Mpe elongwe bango na nkunda sima na lisekwa na Ye, baingeli na mboka na Bulee, bamonani na bato mingi.. Bongo, kapiteni nab a soda mpe baoyo bazalaki esika moko na ye mpona kokengela Yesu, bamoni koningana na mokili mpe makambo mabimi, babangi na nsomo mpenza mpe balobi ete, "Na solo oyo azalaki mwana na Nzambe."

Oyo etalisi malamu ete Yesu Abakamaki mpona masumu na Ye moko te kasi mpona bolingo monene na Nzambe mpona komema bato nioso na nzela na Lobiko. Kasi, bato mingi bakondimaka to bakososolaka te bolingo oyo na nkamwa na Nzambe.

Na sima na Adamu koboya kotosa, bato bakokaki te kozala na Nzambe mpe bakomaki bato na masumu ya makila. Kasi, Yesu Ayaki na mokili mpe Akomaki moto na kati kati na Nzambe mpe bisompo ete Akoka kopesa lipamboli na Imanuele na bato nioso (Matai 1:23). Na nzela na pasi na minyoko mpe pasi na Yesu na ekulusu, tozwi kimia mpe kopema ya solo.

Bongo, naliki ete bososoli bolingo monene na Nzambe oyo Apesaka biso Muana na Ye ya likinda lokola mbeka mpona kosikola bison a masumu mpe kufa na seko, mpe mbeka na bolingo na Nkolo Oyo, ata ete azalaki na mbeba te, Abakamaka na ekulusu mpona tina na biso mpe Afungolaka nzela na Lobiko.

Chapitre 6
MOKANO YA EKULUSU

"Solo Akumbi mpasi na biso mpe Amemi mawa na biso; nde totangi ete apesameli etumbu ete abetami na Nzambe mpe anyokolami. Kasi azokisami mpona masumu na biso, abetami mpona mabe na biso; etumbu oyo ememeli biso kimia epesami epai na Ye,, mpe na mapipi na Ye biso tobikisami.
Biso nioso topengwi lokola bam pate; tobongwani moto na moto na nzela na ye; Kas NKOLO Andimaki kotiela Ye masumu na biso nioso."

Yisaya 53:4-6

Kati na Mokano na Nzambe mpona kozwa bana ya solo, eteni ya motuya koleka ezali ete Yesu ayaka na mosuni na mokili oyo, atungisamaki na pasi ya lolenge nioso, mpe Akufaka na ekulusu. Na nzelana oyo nioso, Akokisaki nzela na Lobiko na bato. Mokano na Nzambe mpona ekulusu ezali na limbola mozindo na molimo. Yesu, Muana se moko ya likinda na Nzambe, koboya nkembo na lola, abotamaki kati na ba nyama, mpe Abikaki na bobola bomoi na Ye mobimba.

Lisusu, abetamaki fimbo mpe basete na maboko mpe makolo na ye, Alataka montole na nzube mpe atangisaki makila mpe mai, na kotobolama na mopanzi na likonga. Ba pasi nioso Yesu amonaka mizali na bolingo ezanga suka na Nzambe. Tango bokososola solo tina na molimompona ekulusu, mpe bapasi na Yesu, mitema na bino mikotutama mpona bolingo na Nzambe mpe bokokoma na kondima ya solo.Bokoki mpe kozwa biyano na mikakatano nioso mpona bomoi na bino lokola Bobola mpe bokono, lisusu bokonzi na seko na Lola.

1. Abotami o ndako ya ba nyama mpe alalisami na elielo ya ba nyama

Yesu, nakozalaka mpenza Nzambe, Azalaki Mokonzi na biloko nioso na Lola mpe na Nse mpe Ye Aleki na Nkembo.

Kasi, Ayaka na nzoto na mokili oyo mpona kosikola baton a masumu mpe komema bango na Lobiko.

Yesu Azali Muana se moko na Nzambe na Nguya nioso Mokeli. Pona nini te Abotamaki na ndako na kitoko mingi te to na bisika malamu? Bongo Nzambe Akokaki te kotika ete Abotama bisika kitiko? Mpona nini atikaki Yesu Abotama na ndako na nyama mpe alalisama na elielo?

Ezali na mozindo na molimo na likambo oyo. Bosengeli koyeba ete Yesu Abotamaki na Molimo na lolenge na nkembo koleka. Ata soki bato bakokaki te komona na miso na mosuni, Nzambe asepelaki mingi na mbotama na Yesu ete Azingaki Muana bebe Yesu na minga na nkembo na miso na ebele na mapinga na Lola mpe bangelu. Bokoki komona sai na Ye na Luka 2:14, oyo ekomi boye: "Nkembo na Yawe na bisika bileki likolo, mpe awa na nse kimia kati na bato oyo basepelisi Ye. Nzambe Abongisaki mpe babateli mpate malamu mpe baton a mayele nabisika moi elamukaka mpe amemaki bango ba ngumbamela muana bebe Yesu.

Nkembo nioso mpe masanjoli ezuaki bisika mpo ete Yesu Akofungolaka ekuke na lobiko na kozonga na Ye na mokili oyo, ebele na bato bakokota Lola na seko lokola bana na Nzambe, mpe Yesu Muana na Nzambe Akozala Mokonzi na bakonzi mpe Nkolo nab a nkolo.

Mokano Na Nzambe Ebombami kati Na Mbotama Na Yesu

Tango Yesu Abotamaki, Kaizala Auguste ebimisaki mobeko ete kotangama na bato esalema na mokili nioso na Bokonzi na Baloma. Bayuda bazalaki na nse na bokambi na Loma mpe bazongaki na ba mboka na bango pona komikomisa, kolandana na mobeko na Kaizala.

Yosefe mpe akendaka na muasi na ye ya kobala Malia, wuta engomba na nazalete na Galilea kino Beteleme engomba na Dawidi. Malia apesamaka na Yosefe kasi ye azwaki zemi na nguya na Molimo Mosantu yambo bakende kuna, mpe abotaki Muana liboso Yesu tango bazalaki kuna.

Kombo Beteleme elakisi, "Ndako na Mapa," mpe ezalaki mboka na Mokonzi Dawidi (1 Samuele 16:1). Mika 5:2 ekomi mpona mboka Beteleme boye ete, "Mpe yo Beteleme, efelata, ozali moke kati na mabota na Yada; Wuta nay o moko akobima mpona Ngai oyo Akozala Mokolo kati na mokili na Yisalele. Ebandeli na Ye ezalaki kalakala, longwa na mikolo na seko."

Beteleme ezakolamaka lokola bisika na mbotama na Mesia.

Na tango wana ezalaki na bisika te mpona Malia na Yosefe na motel moko te, mpo ete bato mikama bazalaki na Beteleme mpona komikomisa. Kuna, Malia abotaki muana bebe na ndako ya ba nyama. Atiaki ye na elamba ya motuya te mpe alalisaki ye na elielo nab a nyama, nzungu molayi oyo bameseneki koleisa ba ngulu mpe ba mpunda.

Bongo mpona nini Yesu, oyo Ayaka lokola Mobikisi na bato, abotamaki na lolenge ya kokitisama boye?

Kosikola moto lokola nyama

"Nalobaki na motema na ngai mpona likambo na bana na bato ete, 'Nzambne Azali komeka bango ete Amonisa bango ete bazali bobele ba nyama..'" Bato oyo babungisa elilingi na Nzambe bazali kaka lokola nyama na miso na Nzambe. Moto ya yambo Adamu azalaki na ebandeli ekelamo na molimo oyo akelamaki na elilingi na Nzambe. Azalaki mpe moto na molimo mpo ete Nzabe alakisaki ye kaka Liloba na Solo.

Kasi, Adamu aliaka mbuma na nzete na boyebi malamu mpe mabe na kotelemela mobeko na Nzambe, bongo molimo na ye ekufaki mpe akokaki lisusu te kosolola na Nzambe. Lisusu, Azalaki lisusu nkolo na bikelamo nioso te. Satana amemaki Adamu na kolanda lolenge na lisumu, mpe motema na ye ya petwa mpe solo embongwanaki na motema salite mpe ya lokuta.

Kati na bomoi na bino ya mikolo na mikolo, boyokaka tango mosusu eloko oyo "aleki na ye nyama na bolamu te." Boyokaka mpe likolo na bato oyo baleki nyama te ata na bitando. Mpona lifuti na bango, bakokeisaka ata ba oyo bazali pembeni na bango, ba client na bango, baninga, mpe bandeko na bango.Baboti mpe bana bakoyinana mpe tango mosusu bakondima kobomana.

Bato bakondima mabe ya lolenge oyo mpo ete molema akoma mokonzi na moto wuta kufa na molimo, mpe babungisa elilingi na Nzambe mpona masumu na bango. Lokola ba nyama oyo basalema kaka na molema mpe nzoto, bato oyo bakoki te kokota Lola to kobenga Nzambe Abba Tata. Yesu Abotamaki na ndako nab a nyama mpona kosikola bato oyo balekaki ba nyama na bolamu te.

Yesu Azali bilei ya solo ya Molimo

Yesu alalisamaki na elielo nab a nyama, nzungu ya koleisa mpona ba mpunda, mpona kozala bilei ya solo na molimo mpona bato oyo bazalaki malamu koleka nyama te (Yoane 6:51).

Na maloba misuse, ezalaki Mokanio na nNzambe mpona kokamba moto na lobiko yakokoka na kopesa ye nzela ya kozongela elilingi na Nzambe mpe asala mosala nioso na moto.

Nini mokano nioso na moto ezali? Mosakoli 12:13-14 epesi biso lisosoli:

Nini "kobanga Nzambe" elakisi? Lisese 8:13 elobi ete "Kobanga NKOLO ezali koyina mabe.." B o n g o k o b a n g a Nzambe ezali kondima lisusu mabe te mpe na ngonga moko kobwaka mabe ya lolenge nioso na kati na mitema na biso.

Soki bokobangaka solo Nzambe, bosengeli kosala oyo ekoki mpona kobwakisa mabe ya lolenge nioso, mpe bobunda na masumu mpe bolongola yango na pembeni na kotangidsa ata makila. Lokola bayekoli bakotangaka makasi mpona kobongisa lobi malamu, bosengeli kosala makasi mpona kobanga Nzambe mpe bosala mosala nioso na moto mpona kosepela bolingo na Nzambe mpe mapamboli.

Kati na Biblia, bokoki komona Mibeko na Nzambe kopesama epai na bana na Ye lokola "Sala boye; kosala boye te; batela oyo; mpe longola wana." Na loboko mosusu, Nzambe Ayebisaka biso nini bana na Nzambe basengeli kosala ezali "kobondela, kolinga, kopesa matondi mpe bongo na bongo." Na loboko mosusu, Nzambe Apesi biso mibeko ya kosale te makambpo oyo ekomema bison a kufa lokola koyina, bondumba mpe milangwa. Ayebisi biso mpe tobatela mokolo na Saba bulee," "Kobatela bilaka na bino," mpe bongo.

Nzambe mpe Asengi na biso tolongola eloko oyo ekoki kosala biso mabe, na kolobaka ete, "Boya mabe ya lolenge nioso," "Bwaka moyimi nay o," mpe bongo.

Ezali mokano na moto kobanga Nzambe mpe kobatela Mibeko na Ye. Nzambe Akotuna biso mpona moko na moko na misala na biso o mokolo ya esambiselo, makambo nioso na kuku ezala malamu to mabe. Na yango, tango bokobika lokola ba nyama na kosalaka mosala moko ten a moto, esengeli nay o kokweya na lifelo na lifuti na esambiselo na Nzambe.

Tala tina, Yesu Abotamaka na ndako nab a nyama mpe alalisamaki na elielo mpona kosikola moto oyo aleki nyama na bolamu te mpe Akoma bilei ya molimo solo mpona bango.

2. Bomoi na Yesu kati na Bobola

Yoana 3:35 elobi, "Tata Alingaka Mwana, mpe Apesi biloko nioso na maboko na Ye." Bokotanga na Bakolose 1:16 ete, "Mpo kati na Ye biloko nioso mizalisamaki, na biloko na likolo mpe biloko na nse, biloko bikomonanaka mpe biloko bizangi komonana, na kiti na makonzi na bonkolo, na mikolo, na bakambi makambo nioso bikelamaki o nzela na Ye mpe mpo na Ye." Na lolenge mosusu, Yesu Azali Ye Muana nse moko na Nzambe Mokeli, mpe Nkolo na makambo nioso na Lola mpe na mokili.

Mpona nini bongo ayaka na mokili na lolenge ya nse mpe na komikitisa mpe Abikaki na bobola ata ete Azalaki mpenza Nzambe na Nguya nioso mpe Azalaki na lolenge nioso na bozwi mingi?

Kosikola Bato na Bobola

2 Bakolinti 8:9 etangi, "Bongo boyebi ngolu na Nkolo na biso Yesu Christu, ete Ye mozwi Akomaki mobola mpo na bino ete bozala bazwi mpona bobola na Ye." Mokano na bolingo ya nkamwa na Nzambe etalisami na oyo. Yesu, ata ete Azalaki Mokonzi na bakonzi, Nkolo nab a nkolo, mpe muana se moko na likinda na Nzambe Mokeli, aboyaki Nkembo nioso na Lola, Ayaka na mokili oyo, mpe Abikaka na bobola na kokanga motema mpona kotiola mpe minyoko na bato, mpona kosikola baton a bobola.

Na ebandeli, Nzambe Akelaki moto mpona kozwa mpe kolia ba mbuma na motoki moko te, mpe kosepela bomoi na kofuluka na pasi na mitoki moko te. Kasi, na sima na moto na yambo Adamu aboyaki kotosa Liloba na Nzambe mpe abebaki, moto akokaki kolia kaka na nzela na pasi na mitoki na mbunzu na ye. Mpona yango, moto abikaka mingi na bozango mpe bobola.

Bobola yango moko ezali lisumu te, nde Yesu Atangisaki makila na Ye te mpona kosikola bison a bobola. Kasi, bobola ezali bilakeli mabe atalidsama na sima na Adamu kobuka mobeko na Nzambe, bongo Yesu Akomasika bino bazwi na Kobika kati na bobola.

Basusu balobaka ete' kowumela na bobola elakisi bobola na molimo. Kasi, kasi mpo ete Abotamaki na Molimo Mosantu mpe Azali moko na Nzambe Tata, ezali malamu te ya kokanisa ete Ezalaki mobola na molimo.

Bosengeli kobatela na bongo na bino ete mpona Yesu kobika na bobola mpe kosikola bino kati na bobola mpo ete bokoka kobika bomoi na bofuluki mpe na matondi mpona bolingo mpe ngolu na Nzambe.

Basusu bakolobaka ete ezali mabe kosenge misolo na mabobdeli. Basusu mpe bakanisaka ete soki ozali moChristu osengeli kobika na bobola. Bongo,yango ezali mokano na Nzambe soko moke te.

Kati na Biblia, bokoki kotanga Maloba mingi ya mapamboli. Ndakisa, botangaka na Dutelonome 28:2_6 ete,;

Mapamboli oyo nnioso makokwela yo mpe makobila yo, soki okotosa mongongo na Yawe Nzambe na yo: Okopambolama na mboka mpe okopambolama na elanga. Bana na yo bakopambolama, mpe mbuma na elanga na yo, mpe bana na bibwele na yo, bana na bangombe na yo mpe bana na bampate na yo. Ekolo na yo mpe esalelo nay o na lipa ikopambolama. Okopambolama na ntango na kokota nay o mpe okopambolama na ntango na kobima na yo.

3 yoane 1:2 esengi ete, "Molingami nazali kobondela ete opambwama na makambo nioso mpe ete ozala na nzoto makasi, lolenge ezali molimo na yo kopambwama.." Kutu, baponami na Nzambe lokola Abalayama, Yisaka, Yacobo, Yosefe, na Daniele bango nioso babikaki mpenza na bofuluki.

Kobika Bomoi na Bozwi

Na bosembo na Ye, Nzambe asala ete bobuka oyo bokolona. Lokola baboti balukaka kopesa makambo malamu na bana na bango, Nzambe na bino wa bolingo Alingaka kopesa bino biloko nioso bokosenga na kondima (Malako 11:24).

Nzambe Alingaka kopesa bino biyano na mapamboli, kasi bokoki kozwa elokomoko te soki bosengi to bokosenga na bozangi bososoli. Boye, soki bokolinga kobuka eloko tango boloni yango te, bozali kotiola Nzambe mpe bozali kotelemela mibeko na molimo.

Basusu bakoki koloba ete, "Nalingi kolona, kasi nakoki te mpo ete nazali mobola mingi.." Kasi, kati na Biblia, bokoki komona bato mingi ba oyo bazalaki babola mingi kasi basalaki makasi mpona kolona mpe lokola lifuti bapambwamaki mingi.

1 Mikonzi 17, tomoni ete ezali na nzala ya mbula misato na ndambo kati na mboka. Tango nzala ezalaki, mokufeli mobali na Salepata na Sidona asalaki mwa mokate mpona mosakoli Eliya na moke na fufu kati na Mbeki mpe mafuta moke na Mbeki yango nioso ye azalaki nango. Nzambe Asepelaki mingi na ye kosalelaka mosali na Ye mpe Apambolaki ye mingi: Mbeki na mfufu ekosila te mpe molangi na mafuta ekokauka te kino mokolo mokotinda Yawe mbula likolo na mabele (1 Mikonzi 17:14).

Na mbala moko na tango na Yesu, muasa mobola mokufeli mobali atiaki makuta mibale ya mike, kati na libenga na Tempelo. Kasi, Yesu Alobelaki ye ete: Muasi mobola mokufeli mobali etie ebele koleka bato nioso. Yango ezalaki mpo ete apesaki na bobola na ye mpe atiaki nioso- Nioso azalaki na yango, tango basusu bapesaki eteni na bozwi na bango (Malako 12:42-44).

Likambo ya motuya koleka ezali makanisi nay o ya kopesa nioso na Nzambe. Nzambe Atalaka monene ya mabonza na bino te kati Akolumba malasi malamu ya bolingo mpe kondima etiami na libonza mpe Akopambola bino mingi.

4. Abetami fimbo mpe Atangisi Makila na Ye

Liboso na kobakama na Ekulusu, ba soda na Baloma basekaki mpe bakitisaki Yesu na kobetaka ye mbata na elongi, na kobwakelaka ye soi, mpe bongo na bongo. Babetaki mpe Yesu na fimbo, fimbo na poso na nyama molayi ekota ba sete na mabende kati na yango.

Na mikolo wana, ba soda na Baloma bazalaki bilombe na koleka, mpe na discipline malamu, mpe mapinga makasi koleka na mokili. Boni somo pasi wana elingaki kozala tango balongolaki bilamba na Ye mpe babetaki ye fimbo? Tango babetaki nzoto na Ye na fimbo, mosuni na ye epikolamaki, mikuya mimonanaki mpe makila mabimaki.

Kokokisa esakoli na Yisaya "Napesi mokongo na ngai epai na babeti, mpe matama na ngai epai nab a oyo babimisi mandefu; Nabombi elongi na ngaite na nsoni mpe na kobwakelama nsoi." (Yisaya 50:6), Yesu Atikala kokima ata fimbo moko te.

Kobikisa Malali na Bokono

Mpona nini, bongo, Yesu Abetamaki na fimbo mpe mpona nini Atangisaka makila na Ye? Pona nini Nzambe Andimaki ete ekomela Muana na Ye? Yisaya 53 elimboli tina na Yesu konyokwama mpe komona pasi.

Kasi Azokisami mpona masumu na biso, atutami mpona mabe na biso; etumbu oyo eyeiseli biso kimia etiami epai na ye, mpe na mapipi na ye, biso tobikisami. Bisi nioso topengwi lokola bam pate, tobongwani moto na moto na nzela na ye moko; mpe Yawe atieli Ye masumu na biso nioso (Yisaya 53:5-6).

Yesu etobolamaki mopanzi mpe atutamaki pona masumu na biso. Azwaki etumbu, ebetama fimbo, mpe atangisaki makila, mpona kopesa bino kimia, mpe kosikola biso na bokono nioso..

Na Matai 9, tango Yesu abikisaki mokakatani oyo azalaki kolala na etoko, esilisaki naino likambo na ye na masumu, nakoloba ete,"Masumu nay o malimbisami" (e.2). Kakawana nde Yesu alobelaki ye "Telema kamata etoko nay o,mpe nkenda ndako" (e.6).

Na Yoane 5, na sima na Yesu kobikisa moto mokakatani mpona mbula tuku misato na mwambe, Alobelaki ye ete, "Tala, yo okomi malamu; kosumuka lisusu te, mpo ete ya mabe koleka ekomela yo te" (Yoane 5:14).

Biblia elobeli bino ete bokono miyelaka bino mpona masumu na bino. Bongo bokolinga moto oyo akoki kosilisa likambo na masumu na bino, mpona kosikolama na bokono. Soki makila makotanga te, ekoki te kozala na bolimbisi (Lewitico 17:11).

Tala tina na Boyokani na kala, tango moto asumukaki, nganga Nzambe azalaki koboma niama mpona likabo na kolimbisa. Kasi, bozali lisusu na basenga ya koboma nyama te mpona mbeka ya masumu na bino, na sima na Yesu koya na mosuni na mokili oyo mpe atangisa makila maye bulee, ezanga mbeba, mpe na nguya. Makila esantu na Yesu epesama mpona masumu na bato nioso na kala, lelo, ata mpona ba mbula liboso.

Kozwa makakatani na biso mpe ba bokono

Matai 8:17 etangi, "Bongo likambo lilobaki mosakoli Yisaya ikoki ete,: 'Ye Akamataki bolembu na biso mpe akumbaki malali na biso.'"

 Bongo, soki boyebi tina nini Yesu Abetamaki fimbo mpe atangisakin makila na ye, mpe bondimeli yango, bokosengela te konyokwama na bokakatani mpe bokono.

1 Petelo 2:24 etangi, "Ye moko akumbaki masumu na bison a nzoto na Ye mpenza kuna na nzete, ete awa esili biso kokufela masumu, tozala na bomoi mpona boyengebene. Tobiki na mapipi na ye." Elobelami na present na eteni oyo mpo ete Yesu asili kosikola masumu na bato nioso.

Kasi ata tokotatolaka ete tondimi ete Yesu amemaki malali mpe bokono na bison a kobetama fimbo mpe kotangisa makila, mpona nini basusu kati na biso bazali naino konyokwama na bokono?

Nzambe Alobi na Esode 15:26 ete, "Alobaki ete, soko okoyoka mongongo na Yawe, Nzambe na yo, mpe kosala yango ezali sembo na miso na Ye, mpe kotosa mibeko na Ye mpe kobatela mibeko na Ye nioso, mbele nakotiela yo malali moko te matiaki ngai na Baejipito, mpo ete Ngai nazali Yawe Mobikisi na yo." Yango elakisi ete soki bokosala oyo ezali sembo na miso na Nzambe, malady moko te ekobeta bino, mpo ete Nzambe na misi na Ye lokola moto kopela Akobatela bino na miango.

Tika tozwa ndakisa. Tango mwana akozonga na ndako na kolelaka na sima na ye kobetama na muana na moto ya pene pene, ezongiseli na baboti epai na mwana ekokesana kolandana na kondima na moko na moko.

Moko akoki koloba na muana oyo boye ete: "Pona nini obetamaka kaka? Soki babeti mbala moko, osengeli kozongisa mbala mibale, to mbala misato..." Moboti mosusu akoki kokende kotala moboti na mwana oyo abetaki mwana na ye mpe amilela.. Kasi moboti mosusu akosalela ba nzela oyo te, kati na motema na ye akomitungisa mingi.

Kasi, Nzambe Alobeli biso ete tolonga mabe na malamu, tolinga ata bayini na biso, mpe toluka kimia na moto nioso, nakolobaka ete, "Nde ngai nazali koloba na bino ete botelemela mabe te.Kasi soki nani akobeta yon a litama na mobali, pesa mpe oyo ya muasi."

Bongo soki bozali kosala oyo ezali malamu na miso na Ye,ezali pasi te ya kobatela mibeko na Nzambe mpe malako. Tango bokoyika mpiko na mabondeli mpe kosala oyo ekoki,nguya mpe ngolu na Nzambe ikokitela bino mpe bokokoka kosala nioso na lisungi na Molimo Mosantu.

Soki bokobwakisa masumu mpe bokosala oyo ezali malamu na miso na Nzambe, bokono ekokoka te koyeila bino. Ata soki bokono mikoela bino, Nzambe mobikisi akolimbisa masumu na bino mpe akobikisa bino na mobimba tango bokolinga kososola oyo ezali mabe na miso na Nzambe mpe bokotubela mpona yango na mitema na bino mibimba.

Ata soki botatoli na bibiebo na bino ete Nzambe Azali na nguya nioso soki bokotia elikya na mokili to bokokende na lopitalo tango bokutani na problem to bokono,Nzambe Akosepela na bino te mpo ete yango ekolakisa ete bondimelaka solo ten a Nzambe na Nguya nioso (2 Ntango16).

4. Kolata Montole na Nzube

Montole solo ezali mpona Mokonzi na elamba na ye ya bokonzi. Ata ete Yesu Azalaki Muana se moko na Nzambe, Mokonzi na bakonzi mpe Nkolo nab a nkolo, alataki montole na nzube molayi mpe makasi bisika na montole kitoko esalamana wolo, palata, mpe mabanga na talo.

Ba soda ya Baloma basangisaki bitape ya banzube bisika moko mpe basalaki na yango montole na nzube ya moke mingi mpona Yesu mpe batiaki yango makasi na moto na Ye. Bongo montole etobolaki moto na mbunzu na Ye, mpe makila matangaki na elongi na Ye. Pona nini Nzambe na Nguya nioso Andima Muana na Ye na likinda Alata montole na nzube, Anyokwama na etumbu makasi, mpe Atangisa makila na Ye?

Yambo, Yesu Alataki Montole na Nzube Mpona kosikola biso na masumu tokosalaka na makanisi.

Tango moto oyo akelami na Nzambe, azalaki kosolola na Ye mpe kotosa Liloba na Ye, asalaka lisumu te mpo azalaki tango nioso kokanisa lolenge na mokano na Nzambe mpe atosaki Ye.

Kasi, tango amekamaki na nyoka mpe andimaki makanisi na Satana, ayaki kosumuka. Kala Atikalaka kolia mbuma na nzete na boyebi malamu mpe mabe te. Na sima na komekama, nde, aliaki yango mpo ete emonanaki malamu mpona bilei mpe malamu na miso mpe lisusu na mposa ya kopesa bwanya.

Na boye, Satana, oyo akambaki moto na liboso Adamu na Ewa mpona koboya kotosa Nzambe, azali sik'awa komema yo mpo ete osumuka na makanisi.

Na kati na bongo na moto, ezali nab a cellule mawe matali kobanza. Wuta mbotama, oyo bomona, boyoka, mpe boyekolaki etiamaki na makanisi na bongo na oyo oyokani mpona likambo songolo, moto okutanaki na ye wana, mpe makambo omonaki. Tobengaka yango nioso "BOYEBI." Nini tobengaka "makanisi" ezali lolenge ya ebimiseli ya boyebi oyo na nzela na mosala na molema.

Bato bakola na bisika ya kokesana. Nini bamona, bayoka, to bayekola ezali ya kokesana na basusu mpe oyo etama na bongo na bango ezali mpe ya kokesana. Ata soki bamona, bayoka, mpe bayekola ezali mpoko, moto na moto azali na lolenge na ye ya koyamba na tango esalemaka, ezali ete moto na moto azali na lolenge na ye.

Liloba na Nzambe ekokanaka mingi te na boyebi to makambo ekomela biso. Ndakisa, bokoki kokanisa ete soki bolingi kozwa lokumu, bosengeli kolonga mitema na basusu. Kasi, Nzambe alakisi bino ete nani nani oyo akomikitisa ye nde akotombolama (Matai 23:12).

Bato mingi bakanisaka ete epusi koyina bayini na bango, kasi Nzambe Ayebisi biso ete, "Bolinga bayini na bino" mpe "Soki moyini nay o azali na nzala leisa ye, soki ayoki posa ya mayi, pesa ye eloko ya komela."

Makanisi na Nzambe Ezali molimo kasi oyo ya moto mizali mosuni. Satana apesaka bino makanisi ya mosuni mpo ete ameka bino mpo ete boboya Nzambe, akotungisa bino mpo ete bolanda nzela ya mokili, suka suka amema bino na kosumuka mpe kufa ya seko.

Na Matai 16:21 mpe biteni na nse, Yesu alimboleli bayekoli na Ye ete Akonyokwama makambo mingi, mpe esengeli ete Abomama na ekulusu mpe Asekwa na bawa na mokolo ya misato. Na koyoka oyo, Petelo amemaki Yesu na mopanzi mpe abandaki na kopamela Ye, nakolobaka ete, "Nzambe Apekisi yango, Nkolo, likambo oyo ekosalemela Yo te." (v.23). Tango Yesu Alobaki na nkanda ete "Longwa mosika na ngai, Satana," Alingaki koloba te ete Petelo Azalaki Satana, kasi Satana ye moko nde azalaki kosala mosala kati na makanisi mpona kobebisa mosala na Nzambe.

Yango ezalaki mpo ete esengelaki na Yesu komema ekulusu mpona lobiko na bato kolandana na mokano na Nzambe, kasi Petelo amemaki kotelemela Ye, na kosalaka mokano na Nzambe na makanisi na ye ya mosuni.

Ntoma Polo akomi na 2 Bakolinti 10:3-6 boye:
Ata soki tozali kotambola na mosuni, tokobundaka na mosuni te, mpo ete bibundeli na etumba na biso mizali ya nzoto te, kasi na nguya na boNzambe mpona kobuka

Bosengeli kobuka koswana mpe mabanzo, miye mitiama mpe mikosalaka mpona kotelemela bokonzi na Nzambe. Bokamata makanisi nioso mpona komema yango na nse na Christu mpona kobika kolandana na solo, mpe bokokoma ya molimo mpe baton a kondima.
Bosengeli kobwaka makanisi oyo bosengeli kozongisela moto tango abeti bino mbala moko to mibale, mpo ete bomiyokisa nsoni te mpo ete makanisi oyo ya mosuni mizali kotelemela solo.
Na yango, bosengeli kotika masumu nioso oyo mazali koya na makanisi na bino. Mpona kosilisa mbala moko makambo na masumu, bosengeli nay ambo kolongola mposa ya nzoto, mposa ya miso, mpe lolendo ya bomoi.Yango ezali makanisi ya lokuta miye misepelisaka Satana.

Ba posa ya nzoto, mizali, ezali makanisi mamataka kati na bongo, mpe mizali kotelemela mokano na Nzambe. Bagalatia 5:19-21 etalisi biso miango:
Mposa ya kosala oyo Nzambe Asengi bino bosala te mizali ba mposa ya nzoto.
Baposa ya miso na moto elakisi ete, makanisi na moto

mitiami na nse na oyo azali komona, koyoka, mpe abandi kolanda baposa oyo emati na makanisi na ye. Tango moto alingi bisengo ya mokili kolandana na baposa ya miso na ye, ba posa wana kaka nde mikomonana klokola motuya koleka makambo nioso mpe akokokoka te kosepela na eloko moko te.

Makanisi ya lolendo ekolaka kati na moto soki moto akangami na bisengo ya mokilina elikya na ye ya kosepelisa lisumu kati na ye, mpe posa ya miso. Yango ebengami lolendo ya bomoi.

Mpona kosikola bison a bondumba ya lolenge nioso, makambo ya bosoto, mpe mabe, Yesu Alataka montole na nzube mpe Atangisaka makila na Ye. Wuta kaka makila ezanga mbeba mpe ya petwa na Yesu ekokaki kosikola bison a masumu na biso nioso esalemaka na makanisi, Asikola bison a masumu nioso tokosalaka na makanisi na kolata montole na nzube na moto na Ye mpe atangisaki makila na Ye.

Ya mibale, Yesu Alataka Motole na nzube mpo bato bakoka kolata mintole malamu na Lola.

.Tina mosusu mpona Ye kolata Montole na nzube ezali pona kopesa bino nzela na mintole malamu koleka. Lolenge asikolaki bino na bobola mpe Apesaki bino bozwi na kobika bomoi ya bobola, lolenge moko alataki montole na nzube mpo ete bokoka kozwa mintole malamu koleka na Lola.

Ezali na mintole ebele oyo mibongisami mpona bana na

Nzambe na Lola. Ezali na mafuti lokola medaille ya wolo, ya palata, mpe ya bronze oyo epesamelaka molongi kolandana na ndenge botandami na sima na kolonga masano ya kokima. Lolenge moko, ezali na mintole ekesana na Lola.

Ezali na montole oyo ekobebaka te lolenge elobami na 1 Bakolinti 9:25: "Moto na moto oyo akomekana na masano akomiboya na makambo nioso. Bango bakosalaka yango mpona mintole mikobebaka, kasi biso mpona oyo ekobebaka te." Motole oyo ekobebaka te ebongisami mpona bana na Nzambe, ba oyo bakobunda mpona kolongola masumu na bango. Montole na nkembo ebongisama mpona ba oyo balongola masumu na bango mpe bakobika kolandana na Liloba na Nzambe mpe bakopesa Ye lokumu (1 Petelo 5:4). Montole na bomoi ebongisami mpe mpona ba oyo balingaki Nzambe mingi, bazali molende epai na ye kino kufa, mpe babulisami na kobwakisaka mabe ya lolenge nioso (Yacobo 1:12; Emoniseli 2:10).

Montole na sembo epesami na ba oyo, lokola ntoma Polo, bakomi bulee na kolongolaka masumu na bango nioso mpe lisusu, bakokisi mosala na bango na mobimba kolandana na mokano na Nzambe (2 Timote 4:8).

Ekomama mpe na Emoniseli 4:4 ete "Kiti na bokonzi ezingamaki na ba kiti tuku mibale na minei; mpe likolo na ba kiti namonaki mibange tuku mibale na minei bafandaki, balataki bilamba ya pembe, mpe mintole na wolo na mitu na bango."

Montole na wolo ebongisamampona moto oyo akomi na bisika ya mpaka mpe akosunga Nzambe na Yelusalema ya Sika.

Awa "mpaka" elakisi ba oyo bapesamaka kombo wana na ba eglesia ya mokili oyo, kasi elakisi bato oyo bandimami na Nzambe lokola ba mpaka mpo ete bazali bulee mpe sembo na ndako nioso na Nzambe, mpe bazali na kondima oyo ekobongwanaka te lokola wolo.

Nzambe Apesaka mintole mikesana na bana na Ye kolandana na bisika nini balongolaki masumu mpe bakokisaki mosala na Nzambe. Bana na Nzambe bakozali minene na Lola mpe bakozwa mintole malamu koleka soki bakanisi te lolenge kani bakoki kosepelisa ba posa na masumu mpe bamikambi kolandana na Liloba na Nzambe (Baloma 13:13-14), soki milema na bango ekobika malamu lolenge bazali kobika na Molimo (Bagalatia 5:16), lolenge bakokisaki malamu mosala na bango na etinda!

Bongo, Yesu Asikoli bino na masumu nioso bokosalaka na makanisi na bino na kolata montole na nzube mpe kotangisa makila. Boni boni bosengeli kotonda mpo ete abongisi mintole malamu koleka na Lola mpona kopesa bino kolandana na bitape kati na kondima na bino mpe bokokisi ya misala na bino!

Bongo, bosengeli kososola boni nkembo ezali mpo ete bondimama mpona kozwa mintole yango.. Bongo bosengeli kozala na motema na Nkolo na kolongolaka mabe ya lolenge nioso, bosala misala na bino malamu, mpe bozala sembo na

Ndako nioso na Nzambe. Nakolikia ete bokozwa mintole malamu koleka na Lola, lolenge bokokoka.

5. Elamba mpe Mokoto na Yesu

Yesu Oyo Alataki montole na nzube mpe Azalaki kotangisa makila na nzoto na Ye mobimba mpo ete abetamaki fimbo makasi nzoto mobimba, akomaki na Golgota bisika na kobakama na ekulusu. Tango basoda na Baloma babakaki Yesu na ekulusu, Bazwaki bilamba na Ye, bakabolaki yango na beteni minei, moko mpona moko moko na bango. Bakabolaki mokoto kasi babetaki zeke mpona yango..

Esili basoda kobakisa Yesu na ekulusu, bakamati bilamba na Ye mpe bakaboli yango biteni minei, na soda moko eteni moko, mpe mokoto na Ye lokola. Kasi mokoto ezalaki na esoneli tempo ete etongami na mobimba banda likolo tee na nse. Boye balobani ete, topasola yango te kasi tobeta zeke mpo ete totala soki ekozala na nani; ete likomi ekokisama ete: "Bakabani bilamba na ngai kati na bango mpenza mpe babeti zeke mpona elamba na ngai" (Yoane 19:23-24).

Pona nini Liloba na Nzambe etalisi na molayi likolo na elamba mpe mokoto na yesu? Lisituale na Yisalele wuta mbula

70 A.JC. Ekomami na mozindo kolandana na limbola na molimo ya likambo oyo.

Kolongolama bilamba mpe kokama na ekulusu

Kolandana na Matai 27:22-26, na bosenga na ba Yisalele ba oyo basosolaka Yesu lokola Mesia, Yesu Ekatelamaki Ye kobakama na Ekulusu na Pnce Pilato na sima na Ye kosekama mpe kotiolama na lolenge mingi.

.Na sima na kolata montole na nzube mpe kosekama mpe kobetama fimbo, amemaki ekulusu na Golgota mpe abakamaki kuna. Pilato apesaki mitindo na basoda akoma likambo oyo bafundaki na Ye yango na likolo na moto na Ye, oyo etangi, "OYO EZALI YESU MOKONZI NA BAYUDA" (Matai27:37).

Likabo yango ekomamaki na KiEbele, Latin mpe KiHela. Kiebele ezalaki monoko ya mboka na Bayuda, baponami na Nzambe.

Na sima na kotanga oyo bafundelaki Ye, na Yoane 19:21-22, mingi na Bayuda batelemelaki Pilato akoma te ete, "Mokonzi na Bayuda" kasi akoma, "Alobaki ete, 'Nazali Mokonzi na Bayuda.'" Kasi, Pilato azongiselaki bango, "Oyo nakomi, nakomi," mpe batikaki yango bongo. Yango elakisi ete ata Pilato andimaki Yesu lokola Mokonzi na Bayuda.

Lokola Pilato andimaki Yesu lokola Mokonzi na Bayuda,

Azali kutu Muana se moko na likinda na Nzambe, Mokonzi na bakonzi, Nkolo nab a nkolo. Ata bongo, na miso nab a mingi bazalaki kotala Ye, Yesu alongolamaki bilamba na Ye mpe oyo ya kati mpe Abakamaka na ekulusu.Na lolenge wana, andimaka soni wana oyo ezokisama motema.

Tozali kobika na mokili mabe oyo, na kobosanaka mosala nioso na moto. Pona kosikola biso na soni ya lolenge nioso, makambo na bosoto, makambo nioso na bozangi kotosa mibeko, mpe bondumba, Yesu Mokonzi na Bakonzi elongolamaki bilamba na Ye nioso mpe Ayokisamaki soni tango bato mingi bazalaki kotala Ye. Soki bososoli tina na yango ya molimo, bokokoka kaka kopesa matondi.

Kokabola elamba na Yesu na biteni minei

Basoda Baloma balongolaki bilamba nioso na Yesu mpe babakaki Ye o ekulusu. Bazwaki bilamba na Ye mpe bakabolaki yango na biteni minei kasi babetaki zeke na mokoto na Ye.

Mayele na bato etalisi ete bilamba na ye mikokaki te kozala kitoko to mpe motuya. Bongo pona nini Basoda bakabolaki bilamba na Ye na biteni minei?

Bongo bango bayebaki na mayele ya komona mosika,ete Yesu Akokumusama lokola Mesia to balingaki kopesa eteni na elamba na Ye epai na bakitani na bango lokola eloko ya motuya? Te, yango ezalaki bongo te.

Nzembo 22:18 esakoli ete, "Bakaboli mokoto na ngai kati na bango, ba beti zeke mpona elamba na ngai.."

Bongo, eloko nini elamba na Yesu elakisi na molimo? Pona nini bakabolaki elamba na Ye na biteni minei, moko pona moko na bango? Pona nini bakabolaki mokoto na Ye te? Pona nini Nzambe Andimaki ete lisolo oyo ekomama na kala?

Wuta Yesu Azalaki Mokonzi na Bayuda, elamba na Yesu elakisi ekolo na Yisalele to Bayuda. Lolenge basoda Baloma bakabolaki bilamba na eteni minei, bilamba bibungisaki lolenge na yango.Yango elakisi ete Yisalele lokola ekolo ikobebisama. Elingi mpe kolakisa ete kombo na Yisalele ekotikala lokola nkita na elamba oyo etikalaki. Na sima, kombo ekomamaki mpona elamba na Ye, elakisi ete Bayuda bakopanzana na bisika nioso mpo ete ekolo na bango ekobebisama. Lisituale na Yisalele etalisa ete Esakoli oyo ekokisama.

Na sima na mbula 40 na liwa na Yesu na ekulusu, General Moloma na kombo na Titus apanzaka Yelusalema. Tempelo na Nzambe ebebisamaki mpenza na libanga moko te kotikalalikolo na mosusu. Wuta ekolo na Yisalele etikaka kozala, Bayuda bapalanganaki bisika nioso, banyokwamaki, ata kokatama. Yango etalisi pona nini Bayuda bakoma kobika mokili mobimba, ata na lelo.

Matai 27:23 etalisi likambo ya somo bisika wapi Pilato alobeli etuluku na bato mabe ete Yesu Azalaki na mbeba te, kasi ba ngangaki makasi koleka mpona kobaka Yesu na ekulusu.Na tango wana, Pilato azwaki mayi mpe asukolaki maboko na ye mpona kolakisa ete makila naYesu ezalaki na moto na ye te, nakolobaka ete,"Nazali na likambo te na makila na moto oyo; botala bino moko." (e 24)Bongo,etuluku ezongisi ete,"Makilana Ye mazala likolo na biso mpe likolo na bana na biso!" (e 25)

Na kotala, ezali na eloko na lisituale na bana Yisalele etalisi ete batangisa makila bango mpe bana na bango, lokola bazalaki kokokisa bosenga na bango epai na Ponce Pilato. Mbula 40 sima na kufa na Yesu Bayuda milio 1.1 bakatamaka kingo. Lisusu, na tango ya etumba monene ya mibale, ba Nazi na allemagne baboba Bayuda milio motoba. Filme na kombo "The schindler's List" etalisi makambo ya pasi bisika Bayuda, na kotala te mobali to muasi, mokolo to muana moke, babomamaki bolumbu.Ata mobomi andimamaka kolata elamba malamu tango baling koboma ye, kasi Bayuda balongolaki bango bilamba nioso tango basengelaki koboma bango.

Bayuda batikala kondima Yesu lokola Mesiya na bango te. mpe balongola ye bilamba nioso mpe babaka Ye na Ekulusu. Lolenge Bangangaka, "Makila na Ye mikwela biso mpe bana na biso," bapasi mingi ekweyela bana Yisalele mpona ba mbula.

Mokoto na Yesu etongami na eteni moko.

Yoane 19:23 elimboli mokoto na Yesu: "Kasi mokoto ezalaki

na esoneli te, mpo ete etongami eteni moko banda likolo tee na nse." Awa, "Esoneli" na makomi oyo elakisi ete mokoto etongamaki na biteni ya kosangisa te. Bato mingi bakebaka ten a lolenge nini bilamba na bango mitongami to soki mitongami kobanda likolo tin a se na singa moko. Bongo pona nini Biblia elimboli mokoto na Yesu?

Biblia elobi ete tata na bato nioso ezali Adamu, tata na kondima ezali Abalayama, mpe tata na Yisalele ezali Yacobo. Nzambe Alakisi biso ete tata na Yisalele ezali Abalayama te, kasi Yacobo, mpo ete mabota zomi na mibale miwuta na bana zomi na mibale na Yacobo. Mobandisi na bikolo zomi na mibale na Yisalele ezali Yacobo ata soki tata na kondima ezali Abalayama.

Nzambe Apambolaka Yacobo na genese 35:10-11 na boye:
"Nkombona yo ezali Yacobo, okobengama lisusu Yacobo te, kasi Yisalele ekozala nkombo na yo." Bongo ye abiangamaki Yisalele, Nzambe alobelaki ye ete ngai nazali Nzambe na nguya nioso; zala na kobota mpe mifulisa mingi; libota mpe ebele na mabota mikobima na yo, mpe bakonzi bakobotamela yo.

Kolandana na liloba na Nzambe oyo Etalisami na makomi oyo, Bana zomi na mibele na Yacobo basalaki moboko na Yisalele mpe Yisalele ezalaki mbokamoko kino tango ekabolamaka na tango na Mokonzi Rehoboam na Yisalele na likolo mpe Yada na nse. Na sima, Yisalele na likolo esanganaka nab a paya kasi Yuda etikalaka moko.Lelo bato n a Yuda babiagami Bayuda. Likambo ya mokoto na Yesu ezala eteni moko, etongama likolo na tee nse, elakisi ete ekolo na Yisalele ebatelaki bomoko mpe lolenge na yango lokola bana na Yacobo kino lelo.

Kobeta zeke mpona mokoto na Yesu na kopasola yango te

Awa motole elakisi mitema na bato. Wuta Yesu Azalo Mokonzi na Yisalele, motole na Ye elakisi mitema na Bayuda.

Bayuda, lokola bato na Nzambe, baponama na nzela na tata na bango na kondima Abalayama, bangumamela Nzambe Solo likolo na nioso. Na kopasola mokoto nabiteni biteni te elakisi ete molimo na Bayuda na Yisalele bna oyo bangumamela Nzambe ebatelama malamu na kokatama na biteni biteni te, ata soki ekolo mpe mboka na baton a Yisalele ekufaka.

Na boye, Biblia esakolaki ete bapagano bakokaki te molimo nab a Yisalele oyo ezalaki mozindo kati na bango. Na lolenge mosusu, Mitema na bango mpona Nzambe efandaki makasi, ata soki ekolo na Yisalele ebebisamaki na bapaya. Wuta, bazali na motema oyo ebongwanaka te, Nzambe apona Yisalele lokola baton a Ye mpe atia bango mpona kokokisa bokonzi mpe bosembo na Ye.

Ata lelo, Ba Yisalele batosaka Mobeko na mitemamiye

mibongwanaka te. Yango ezali mpo ete bazali bakitani na Yacobo oyo he moko azalaki na motema embongwanaka te. Ba Yisalele bakamwisaki mokili mobimba na kozwa bonsomi na bango na 14 may, 1948, tango molayi na sima na bango kobungisa mboka na bango. Na sima, bakolaki noki noki lokola moko na bamboka na nkita mingi mpe oyo ekenda sango, mpe balakisa molimo na bango lokola ekolo moko mpe lisusu makoki na bango.

Lokola ba soda Baloma bakokaki kokabola mokoto na Yesu te, oyo ezalaki na esoneli moko, mpe na eteni moko banda likolo tee na nse, bapaya bakoka te kobebisa molimo nab a Yisalele mpona kongumbamelaNzambe. Bongo, ba Yisalele lokola bakitani na Yacobo bazongisaki mboka nsomina kokokisa Mokano na Nzambe, lokola baponami na Ye.

Yisalele na suka na mikolo Elobelamaki kati na Biblia

Lolenge Nzambe Alobelaka lisituale na Yisalele na nzela na elamba mpemokoto na Yesu, Apesa mpe biso boyebi mpona mikolo na suka namokili.

Ezakiele 38:8-9etangi:

Na sima na mikolo mingi okobiangamana etumba; na mbula ekoya na nsima okokenda na etumba na mokili oyo esili kozua kimia na nsima na mopanga, kuna bato bayanganaki na mabota mingi, na likolo na nkeka na Yisalele, oyo ezalaki seko mpamba; babimaki na mabota mosusu, mpe bango nioso bafandi kuna na kimia. Okoleka na liboso, okoya likolo na mopepe makasi, mpe okozala lokola lipata lizipi mokili, yo mpe bibwele nay o mpe mabota mingi nay o elongo.

"Na sima na mikolo mingi" na eteni oyo ezali tango kobanda mbotama na Yesu kino kozonga na Ye, mpe "na mbula ekoya" elakisi ba mbula ya suka liboso na kozonga na Yesu. "Nkeka na Yisalele" elakisi Yelusalema, oyo etongami na metre 760 likolo na ebale. Bongo, liloba ete nab a mbula ekoya bato mingi bakoyangana koyuta na bikolo ebele esakoli ete ba Yisalele bakozonga na mabele na bango na kowuta bisika nioso na mokili tango kozonga na Yesu ekopusana.

Masakolami oyo mikokisamaki tango Yisalele ebebisamaki na Bokonzi na Baloma na mbula 70 Ap.JC, mpe bazwaki nsomi na bango na 1948. Yisalele ezalaki pamba kino tango ezwaki bonsomi, kasi ekolaki mpona kokoma moko nab a mboka na nkita mingi kati na mokili.

Boyokani ya sika mpe esakolaki bonsomi na Yisalele. Yesu naMatai 24:32-34 elobeli biso boye:

Boyoka liteyo wuta na nzete na mosuke.Wana etape na yango ekolemba mpe ekobimisa nkasa na yango,, boyebi ete ntango na moi makasi elingi kobelema. Bino mpe bongo, wana ekomona bino makambo oyo nioso, bokoyeba ete Azali penepene,ata na bikuke. Nazali kolobela bino solo ete libota oyo ekoleka te kino ekobima makambo oyo nioso. Likolo ekolongwa mpe nse lokola nde maloba na ngai ikolongwa te.

Yango ezalaki eyano na Yesu na bayekoli na Ye, oyo batunaki Ye mpona elembo na bozongi na Ye mpe suka na mikolo.

Nzete mosuke elakisi ekolo na Yisalele. Tango makasa na nzete mikokweya mpe mopepeya malili ekopepa, bokoyeba ete malili ekomi penepene. Lolenge moko, tango makasa na nzete mosuke ekomi kolemba bokoyeba ete tango ya molunge ekomi pene pene. Na lisese oyo, Yesu alimboli ete tango Yisalele ekozonga ekolo na sima na tango molayi ya kobebisama, yango ezali, tango bazwaki bonsomi, kozonga na Yesu ekokoma pene pene.

Boyebi te tango nini mpenza ekosalema kasi boyebi ete bilakaka na Ye mikokokisama solo. Bosi bomoni bonsomi na Yisalele, bongo ezali pasi te mpona kososola ete bozongi na Yesu ezali mpenza penepene.

Elembo ya suka na mikolo

Na Matai 24, tango bayekoli na Ye basengaki elembo mpona mikolo na suka, Yesu Alimbolaki na mozindo. Kasi, Alobaki te tango nini to ngonga nini, nakolobaka ete: "Moto moko te ayebi mokolo to ngonga, ata bangelu na Lola te, ata Muana te, kasi kaka Tata" (Matai 24:36).

Yango elakisi ete Ye lokola Muana na Moto oyo Ayaki na mokili oyo Ayebaki te mokolo to ngonga. Kasi yango elakisi te ete Yesu lokola moko na Nzambe Misato Ayebaka yango ten a sima na kobakama na Ye na ekulusu,Llsekwa, mpe konetwamana Ye na Lola.

Makolobaka mingi likolo na bilembo na mikolo na suka, Yesu Akebisi yo, "Mpo ete mobulu ekoyikana mingi, bolingo na mingi ekozwa mpio.Kasi oyo akoyika mpiko kino suka, ye wana akobika." (Matai 24:12-13).

Lelo bokoki komona ete mabe ebuti mpe bolingo ezali kokoma pio.Ezali pasi mpona komona motema malamu.. Yesu Alobo na Matai 24:14, "Mpe Sango Malamu oyo ya Bokonzi ekosakolama mokili mobimba lokola litatoli, bongo suka ekoya." Sango Malamu esi eteyami na bisika nioso na mokili.

Ezali yasolo ete ata Sango Malamu eteyami mikili mobimba, ekoki kozala na bato oyo bandimeli Yesu te mpo ete bazali kofungola mitema na bango te. Kasi, ekoki kozala na bisika wapi nkona na Sango Malamu epanzani naino te.

Masakoli na Boyokani na kala mikokisami mpe oyo ya boyokani na sika mizali kokende na kokokisama nioso mpe lokola. Makomi nioso mipesami na Molimo Mosantu. Bongo, Liloba na Nzambe Ezali malamu mpe Ezali na mbeba te. Moke koleka na makomi to eteni na main a ekomeli na yango mikombongwana te kati na Liloba. Nzambe Azala kokokisa Maloba mpe bilaka na ye, bongo kaka makambo moke nde ekokisami naino te, lokola Kozonga na Nkolo na biso Yesu Christu, ba Mbula Sambo ya pasi monene, Bokonzi na mbula nkoto moko, mpe esambiseli monene na Kiti Pembe na Nzambe.

6. Abetami sete na maboko mpe na makolo

Kobakama na Ekulusu ezalaki moko na ba lolenge mabe ya koboma babomi to bafiti. Loboko na mobomi ebendamaki na ekulusu na nzete. Moto abetamaki sete na maboko mibale mpe na makolo. Mpe akangamaki na ekulusu tango molayi kino kufa. Bongo, asengelaki konyokwama pasi makasi mingi kino pema na ye ya suka.

Yesu mwana na Nzambe Asalaki kaka makambo malamu mpe Azalaki na mbeba to mabe ten a mokili oyo. Bongo, pona nini babetaki ye setena maboko nioso mibale mpe makolo na kotangisaka makila na Ye na ekulusu?

Pasi ya kobetama sete na maboko mpe makolo

Yesu akatelamaki kufa na ekulusu mpe Akomaki na esika ya kobomana, Gologota. Moko na soda moloma azalaki na sete monene ya libende mpe mosusu na marteau abandaka kobeta sete na maboko mpe makolo na ye na moboko na mokonzi na ye.Nde, ba tombolaki ekulusu.Bokoki kokanisa boni pasi yango ezalaki? Moto asalaki mabe te Yesu asengelaki konyokwama makasi tango sete oyo monene ebetamaki na nzoto na ye mpe tango nzoto na ye ekitisamaki na kilo na ye mpe eteni na nzoto bisika babetaki sete elongwaki.

Tango moto akatemaki kingo, pasi esilaki na mbala moko.

Kasi, kokufa na ekulusu ezalaki na pasi makasi monene mpe ete moto abakamaki, atangisaki makila,mpe anyokwamaki na kozanga mayi mpe kolemba mingi kino tango na kufa na Ye.

Lisusu,na mokolo na moi makasi kati na lisobe, ba nyama mike ya lolenge nioso batiamaki na nzoto na Ye ya kotoboka toboka mpona komela makila oyo mizalaki kotanga na ba pota na Ye na maboko mpe makolo ebetamaki ba sete.Likolo na oyo,bato mabe balakisaki Ye misapi, ba bwakelaki Ye soi, basekaki Ye, balakelaki Ye mabe, mpe batukaki Ye. Bamisusu kutu batiolaki Ye, nakolobaka ete, "Yo Olingaki nde kokobebisa Tempelo mpe kotonga yango lisusu na mikolo misato? Soko Ozali muana na Nzambe, Omibikisa yo moko mpe okita na ekulusu!"

Pasi makasi elandaki Yesu na kobakama na Ye na Eekulusu. Kasi, Yesu Ayebaki ete kondima masumu mpe bilakeli mabe na ekulusu elingaki kofungola nzela na kosikola bato na masumu na bango mpe kokomisa bango bana na Nzambe. Pasi na Ye kutu ewutaki na bisika mosusu.Bongo, ezalaki na bato oyo basosolaki Mokano oyo na Nzambe te to bazwaka mpe lobiko ten a mabe na bango. Yango ememelaki Ye pasi monene koleka.

Masumu maye makosalemaka na maboko mpe makolo

Tango likanisi ya masumu ebotami na motema, motema ekotinda maboko mpe makolo kosala masumu. Mpo ete ezali na mobeko na molimo oyo elobi ete lifuti ma masumu ezali kufa, tango okosalamasumu, osengeli kokweya na lifelo mpe konyokwama kuna mpona libela.

Tala tina Yesu Alobaki ete,"Mpe soko lokolo nayo ekoyokweyisa yo, kata yango; ezali malamu mpona yo okota na bomoi lokolo moko mbe ozala na makolo mibale mpe obwakama na Geena, [bisika kusu na bango ekokufaka te, mpe moto ekosilaka te.] Soko liso na yo ekokweyisa yo, pikola yango; mpo epusi malamu mpona yo kokota na bokonzi na Nzambe na liso moko,mbe, kozala na miso mibale, mpe kobwakama na lifelo"

Mbala boni bokosalaka masumu na maboko mpe na makolo wuta mbotama? Basusu bakobetaka bamisusu na kanda.Basusu bakosumuka mpe kuna bamisusu bakobungisa nkita na bango kati na masano. Bato bazali kokoma mobulu, na makolo na bango mpe bakokende bisika basengelaki kokende te. Bongo, soki makolo na bino mikosumukisa bino, ezali malamu kokata mango mpe bokota Lola, bisika ya kobwakama na lifelo tango bosumuki na yango.

Lisusu, masumu boni bokosalaka na miso na bino?

Moyimi mpe ekobomikolia bino tango bokotalaka maye bosengelaki te kotala na miso na bino.Yango Yesu Alobi ete soki miso na yo ekotinda yo osumuka, ekozala malamu opikola miango mpe bokota lola mbe bobwakama na lifelo sima na kosalamasumu na yango.

Tango ya Boyokani na Kala, soki moto moto asumuki na liso na ye, ekopikolama, soki moto asali lisumu na lobolo to makolo, liboko to makolo mokokatama; soki moto abomi to asali ekobo, asengelaki kobomama na kobetama mabanga (Dutelenome 19:19-21).Soki Yesu Christu Anyokwamaka na ekulusu te, ata lelo, bana na Nzambe basengelaki kokatama maboko to maboko na tango bakosumukaka. Kasi, Yesu Azwaki ekulusu, abetamaki sete na maboko mpe na makolo na Ye mpe Atangisaki makila.Na kosalaka bongo Asukolaki masumu maye bokosalaka na mabo mpe na makolo na bino mpe bosengeli lisusu konyokwama te to kofuta mpona masumu na bino moko. Boni boni bolingo oyo ezali monene!

Bosengeli kobatela yango nab a bongo na bino ete Apetolaki bino na masumu nioso soki bokotambola kati na pole lokola Ye

Azalali pole, mpe soki bokotubela masumu na bino mpe bokotalela Ye (1 Yoane 1:7).

Bongo, ezali motuya mingi ete botondisa mitema na bino na solo mpona kobika bomoi na elonga namotema ya matondi mpe ngolu oyo ezali tango nioso kotalela Nzambe.

7. Makolo ma Yesu mabukami te kasi mopanzi na Ye Etobolami

Mokolo Yesu Akufaki ezalaki ya mitano, mokolo libobo na Saba. O mikolo wana, samedi ezalaki Saba, mpe Bayuda balingaki banzoto mitikala na ekulusu na mokolo na Saba te.

Bongo, lolenge bokoki kotanga na Yoana 19:31, Bayuda basengaki Ponce Pilato nzela ya kobuka makolo mpe kokitisa ba nzoto. Na nzela na Ponce Pilato, basoda babukaki makolo na miyibi oyo babakamaki na mopanzi na Yesu kasi babukaki makolo na Yesu te oyo Asi Akufaki. Na mikolo wana, ba oyo babakamaki na ekulusu balakelamaki mabe mpe yango wana basoda babukaki makolo na bango. Bongo, ezali na Mokano na Nzambe na ete, babukaki makolo na Yesu te.

Pona nini makolo ma Yesu mabukamaki te?

.Yesu Oyo Azalaki na lisumu te, Alakelamaki mabe mpe

Abakamaki na ekulusu mpona kosikola baton a bilakeli mabe na Mobeko. Satana akokaki kobuka makolo na Ye te mpo ete Yesu Akufaki mpona masumu na Ye te kasi na Mokano na Nzambe.

Na boye, Nzambe Abatelaki Yesu mpo ete makolo na Ye mibukama te, mpona kokokisa Liloba na Nzembo 34:20, oyo etangi, "Akobatela mikuwa na Ye nioso, ata moko na yango ekobukana te."

Na mituya 9:20, Nzambe Ayebisi ba Yisalele ete babuka mokuwa moko ten a mpate tango bakolia yango. Alobi lisusu na Esode 12:46 ete ba Yisalele bakoki kolia mosuni na mpate kasi kasi bakobuka mokuwa na yango te.

"Muana na mpate" elakisi Yesu Oyo Azalaki na mbeba to na mabe te, kasi Amibonzaka lokola mbeka mpona bato mpe masumu na bango na bolingo na Ye mpona biso. Kolandana na Makomi Esode 12:46, elobi, "[Mpate] Okolia yango na kati na ndako moko, okomema ndambo na mosuni yango na libanda na ndako te, mpe okobuka mokwa moko na yango te." Moko ten a mikuwa na Yesu ebukamaki.

Mopanzi na Ye etobolami na likonga

Yoane 19:32-34 etalisi likambo mosusu:

Boye basoda bayei mpe babuki makolo na oyo na liboso, mpe na oyo abakisamaki na ekulusu na ye elongo. Bakomi epai na Yesu mpe emoni bago ete asilaki kokufa babuki makolo na Ye te.

Kasi moko na basoda atobolaki mopanzi na Ye na likonga, mpe mai na makila mibimaki..

Ata soki soda ayebaki ete Yesu Asilaki kokufa, bongo pona nini atobolaki lisusu mopanzi na Yesu na likonga, mpe na komemaka kotangisa makila mpe mai? Oyo etalisi mabe na moto.

Ata soki azalaki Nzambe, Yesu Asengaki to akangamaki na makoki na Ye te lokola Nzambe. Kutu, Amisalaki eloko te; Azwaki bisika ya moumbo mpe Abimaki na lolenge na moto. Amikitisaki mpenza ata na kokufa lokola mobomi na ekulusu. Na lolenge oyo,, Yesu afungolaki nzela lobiko mpona bino (Bafilipo 2:6-8).

Na tango ya bomoi na Ye kati na mokili oyo, Yesu apesaki bonsomi na bakangemi, Apesaki bozwi na babola, mpe Abikisaki babeli mpe baye balemba. Azalaki mpenza na tango te mpona kolia to kolala lokola Asalaki lolenge esengeli mpona koteya Sango Malamu mpe kobikisa milimo mingi lolenge Akokaki. Akendaki kobondela na Ngomba ata tango bayekoli na Ye bazalaki kopema.

Bayuda mingi banyokolaki Ye na kokitisa ata ete Asalaki kaka bolamu. Na suka, babakaki Ye o ekulusu. Lisusu, bisika bayebaka ete Akufaki, soda Moloma atobolaki Ye na mopanga na ye. Yango etalisi biso ete bato bazalaki kobakisa mabe likolo na mabe.

Nzambe Atalisi bino bolingo na Ye monene na kotinda Muana na Ye se moko na Likinda Yesu Christu mpe Abakisama na ekulusu mpona kosikola bino na masumu, ata soki bato bazalaki mabe.

Kotangisa mai mpe makila na mopanzi na Ye

Na lolenge esi etalisama, soda Moloma atobolaki Yesu na mopanzi na likonga na mabe na ye, nakokikapa te ete Yesu Asi Akufaki. Tango soda atobolaki mopanzi na Ye, makila mpe mai ebimaki na nzoto na Yesu. Ezali na limbola misato awa.

Yambo, kotalisa bino ete Yesu Ayaki na nzoto lokola Muana na Moto. Yoane 1:14 elobi, "Liloba Akomi mosuni, mpe abiki kati na biso, mpe tomonaki nkembo na Ye, nkembo lokola muana oyo abotami lokola mwana na likinda longwa na Tata; atondi na ngolu mpe na solo." Nzambe Ayaka na mokili oyo na mosuni mpe Azalaki Yesu.

Basumuki bakoka te komona Nzambe mpo ete bakokufa sima na komona Ye. Bongo, Yesu Akokaki te kotalisama mbala moko liboso na bango mpe tala tina Yesu Ayaka na mokili oyo na mosuni mpe atalisa bilembo mingi mpona komema bison a kondimela Nzambe.

Biblia eyebisi bino ete Yesu Azalaki moto kaka lokola bino,. Malako 3:20 etangi, "Akoti na ndako, ebele na bato bayangani lisusu, bongo bazui nzela ya kolia te." Matai 8:24 eyebisi biso ete, "Mpe tala mbula monene eyei na libeke kino bwato elingi kozinda na mbonge,.Ye nde Alali mpongi."

Bato mosusu bakoki komituna ndenge nini Yesu mwana na Nzambe Akoki koyoka pasi to nzala. Kasi, wuta Yesu azalaki na mosuni esalema na misisa mpe mikuwa, Asengelaki kolia mpe mpe kolala.Ayokaki mpe pasi lolenge tokoyokaka.

Tina na makila mpe mai kotanga na nzoto na Ye tango atobolamaki na mopanga, epesi bino elembo malamu ete Yesu Ayaka na mokili oyo na mosuni, ata soki Azalaki muana na Nzambe.

Ya mibale, ezali kotalisa ete bokoki kokota nab o Nzambe ata soki bozali na mosuni. Nzambe Alingi bana na Ye bazala bulee mpe na kokoka lolenge Ye Azali. Bongo Alobi ete, "Bosengeli kozala bulee, mpo ete Nazali bulee"(1 Petelo 1:16) mpe "Tika ete bozala malamu, be lokola Tata na bino na Likolo azali malamu be." (Matai 5:48). Azali mpe kopesa bino makasi nakolobaka ete, "Na yango mpe Asili kotiela biso bilaka minene mpe na motuya mingi na ntina ete na bilaka yango bozwa likabo na bino kati na lolenge na Nzambe mpe bokima libebi ezali kati na mokili mpo na mposa mabe." (2 Petelo 1:4), mpe "Bokanisa kati na bino yango ekanisaki Christu Yesu" (Bafilipi 2:5)..

Yesu Ayaka na mokili oyo na mosuni mpe akomaki mosaleli kolandana na mokano na Nzambe, mpe Akokisaki Mosala na Ye nioso. Akokisape mpe mobeko na bolingo na kolonga mimekano nioso mpemitungisi, mpe Abikaki kolandana na Liloba na Nzambe.

Ata soki Azalaki moto lokola bino, Andimaki minyoko nioso, nakolanda mokano na Nzambe na molende mpe na komikamba, amikabaki Ye moko na bolingo mpona kokufa na ekulusu na koboya etumba mpe na koyima yima moko te.

Lolenge nini tokoki kokota na bo Nzambe na motema na Christu Yesu?

Bosengeli kobaka na ekulusu moboko na masumu na bino, oyo mizali ba posa mabe mpe kolula, bozala na bolingo na molimo mpe bobondelaka makasi mpona kokota nab o Nzambe na kozalaka na ezaleli moko na Yesu. Na lolenge mosusu, bolingo ya mosuni ezali koluka lifuti nay o moko, mpe bolingo oyo ekokomaka pio na koleka na tango. Baton a bolingo ya lolenge oyo bako yokisana pasi mpe bakonyokwama na pasi tango bayokani te.

Na loboko mosusu, Nzambe Alingi bino bozala na bolingo oyo ekangaka motema, na bolamu mpe oyo elukaka lifuti na yango moko te. Bongo, ezali bolingoya molimo oyo ebongwanaka te mpe efulukaka mokolo na mokolo. Bokoki kozala na bizaleli na Yesu na lolenge bozali na bolingo na molimo mpe lolenge bokobwaka mabe ya lolenge nioso o nzela ya mabondeli makasi.

.Lolenge moko, moto nioso akoki kozwa ngolu na Nzambe mpe nguya soki aluki lisungi na Ye na kokila mpe na mabondeli makasi.Nzambe mpe Akosalela ye mpona kolongola mabe ya lolenge nioso. Bokongenga lokola moi na bokonzi na Likolo soki bozali na bolingo ya molimo, bobimisi ba mbuma libwa ya Molimo Mosantu (Bagalatia 5) mpe bozwi ba beatitude (Matai 5).

Ya misato, 'Yesu Atangisa makila mpe mai', yango ezali na nguya na kokoka mpona kokamba na bomoi na solo mpe na seko.

Makila mpe main a Yesu ezalaki na mbeba te mpe na salite te wuta Ye Azalaki na masumu ya makila te mpe Asalaki lisumu te. Na Molimo, ezalaki makila oyo mpe mai oyo ekokaki kosekwa. Mpo ete Atangisaki makila maye esantu, masumu na bino mapetolami mpe bokoki kozwa bomoi ya solo oyo ekomemaka na lobiko, lisekwa, mpe bomoi na seko.

Mai oyo, mitangaki na nzoto na Yesu, elakisi main a seko, Liloba na Nzambe. Bokoki kotondisama na solo mpe bozala bana na solo na Nzambe na lolenge bozali kososola Liloba na Ye mpe bokobwaka masumu na bino na kobikaka kolandana na Yango. Yes, na salite to mbeba te, Apesaki nioso mpona kopesa bino bomoi ya solo kino kotangisa makila mpe mai, ata soki bolekaki ba nyama te.

Nakolikia ete bososoli ete bobikisami na kofuta motuya moko te mpe bobwaka masumu na kobondelaka makasi kati na kondima, mpo ete bokoka kobika bomoi na kofuluka kati na Yesu Christu.

Chapitre 7

Maloba Sambo ya suka ya Yesu na Ekulusu

Yesu nde alobaki ete, Tata, limbisa bango mpo ete bayebi yango ezali bango kosala te."... (e. 34)

...

Alobaki na ye ete, Nalobi na yo solo ete, lelo okozala na ngai elongo kati na paradiso. Ntango ezalaki naino penepene na ngonga na motoba, mpe molili ezipaki mokili kino ngonga na libwa. Moi eyindaki, mpe elamba monene na Tempelo epaswanaki na katikati. Yesu Angangaki na mongongo makasiete, Tata, nazali kotika molimo na Ngai na maboko na Yo. Esilaki Ye koloba bongo Akufaki. (e 42-46)

Luke 23:34, 42-46

Bato mingi ba banzaka bomoi na bango tango kufa eyaka. Na bandeko na mabota na bango mpe baninga bakotika maloba ya suka.

Na lolenge moko, Yesu akomaki mosuni, Ayaka na mokili oyo na mokano na Nzambe, mpe atatolaki maloba sambo ya suka na ekulusu na lolenge Azalaki kokufa. Yango ebengama "Maloba sambo ya suka ya Yesu na ekulusu."

Tika totala limbola na molimo ya maloba sambo ya suka na Yesu na ekulusu.

1. Tata, Limbisa Bango

Mokomi na Bafilipi atalisi Yesu boye:

Bokanisa kati na bino yango ekanisaki Klisto Yesu. Ata Azalaki na motindon na Nzambe, atangaki te ete Ameka kokokana na Nzambe, nde Amiyeisi mpamba,, akamati motindo na moumbu, abotami na lolenge na bato. Ezuami ye na motindo na moto, amisokisi mpe atosi kino kufa, ee, kino kufa na ekulusu. (Bafilipi 2:5-8)

Yesu Abakamaki na ekulusu mpona kolakisa bolingo mpe botosi na Ye epai na Nzambe mpo ete Afungola nzela na Lobiko mpona basumuki. Bato kotelema na ekulusu basekaki Yesu elongo na bakambi, "Abikisaki bamosusu, bongo soko ye oyo azali Klisto na Nzambe,Moponami, amibikisa ye mpenza! (Luka 23:35).

Basoda mpe basekaki Ye, kopesaka Ye vigno bololo, mpe balobi ete, "Soki ozali mokonzi na Bayuda, mibikisa yo moko!"

"Mpe wana esilaki bango kokoma na esika ebiangamaki mokwa na moto, babakisaki ye na ekulusu wana,na bango mabe, moko na loboko na mobali mpe mosusu na loboko na mwasi. Yesu nde Alobaki ete, Tata, Limbisa bango mpo ete bayebi yango ezali bango kosala te." Bakabolaki bilamba na Ye na kobeta zeke (Luka 23 33:34).

Yesu abondelaki epai na Nzambe nakosenga bolimbisi na bango, "Tata, Limbisa bango; mpo ete bayebi te yango ezali kosala bango," tango Azalaki kokufa. Yesu Asengaki Tata mpona kopesa ngolu mpe kolimbisa bato oyo bayebaki te ete Yesu Muana na Nzambe Azalaki kobakama na ekulusu mpona kolimbisa masumu na bango. Tango mosusu basosolaki at ate ete misala na bango mizalaki masumu. Oyo ezali liloba na Ye ya yambo na ekulusu.

Yesu Abondelaki na bolingo mpona bato kobaka Ye na ekulusu

Yesu, mwana na Nzambe, abondelaki mpona ba oyo bazalaki kobaka ye na ekulusu ata soki azalaki na mbeba to mabe te. Boni mozindo mpe monene bolingo na Ye ezali! Yesu akokaki na pete kokita na ekulusu mpona koboya kobakama na ye wuta Azali moko na Nzambe na nguya nioso mpe epesameli Ye nguya na Nzambe Tata. Kasi, Abakamaki mpona kokokisa mokano na lobiko kolandana na mokano na Nzambe. Bongo, Akokaki kondima minyoko nioso mpe soni, abondela mpona bango na bolingo mpe kosenga bolimbisi na bango.

Yesu Abondelaki makasi ete, "Tata, Limbisa bango; mpo ete bazali te koyeba yango ezali bango kosala." Awa, "Bazali" elakisi kaka ba oyo babakaki Ye na ekulusu to basekaki Ye te, kasi esangisi mpe ba oyo nioso bayambi Yesu Christu mpe bakokoba kobika kati na molili. Lokola bato babakaki Yesu Muana na Nzambe, bato mingi bazali kosumuka mpo ete bazali koyeba Yesu Christu te mpe solo.

Moyini na bino zabolo azali ya molili mpe ayinaka pole yango abakaki Yesu na ekulusu, Ye pole ya solo. Lelo, zabolo azali kokamba bato oyo bazali kobika kati na molili mpe akomema bango ba nyokola baye bakotambolaka na pole.

Lolenge kanin bokoki kozongisela banyokoli oyo bayebi solo te? Yesu Azali koyekolisa bino nini Mokano na Nzambe ezali mpe bizaleli nini MoKristu asengeli kozala na yango, na liloba ya yambo na ekulusu. Na Matai 5:44, elobi, "Kasi nalobeli bino, bolinga bayini na bino mpe bobbondela mpona baye bakonyokolaka bino." Bongo, tosengeli kobondela mpona ba oyo banyokolaka biso, nakolobaka ete,, "Tata, limbisa bango. Mpo ete bayebi te yango ezali kosala bango. Pambola bango, mpo ete bango mpe bayamba Nkolo mpe tokutana lisusu na Lola."

2. Lelo okozala na ngai na Paradiso

Miyibi mibale babakamaki mpe na ekulusu tango Yesu abakamaki na ekulusu oyo batelemisaki likolo na Golgota, "bisika ya mokwa na moto" (Luka 23:33).

Moko na miyibi azalaki konganga na kofingaka Ye, kosi mosusu apamelaki ye oyo, atubelaki, mpe ayambaki Yesu lokola Mobikisi na ye. Bongo Yesu Alakaki ye ete akozala na Ye na Paradiso. Yango ezali liloba ya mibale na Yesu na ekulusu.

Moko na bato mabe baoyo babakisamaki wana atukaki Ye ete, Yo Kristu te? Mibikisa yo mpenza, bikisa mpe biso! Nde oyo mosusu apamelaki ye ete, Yo ozali kobanga Nzambe te, awa ezali yon a ekweli na motindo moko?Na malamu mpe, mpo ete biso tozali kozwa etumbu libongi na yango esalaki biso; nde Oyo awa asali likambo moko mabe te. Alobaki mpe ete, Yesu, wana ekokoma yon a bokonzi nay o, kanisa ngai. Alobaki na ye ete,

Nalobi nay o solo ete, Lelo okozala na ngai elongo kati na Paradiso." (Luka 23:39-43).

Yesu Alobaki ete Azalaki Mesia oyo akokaki kolimbisa basumuki tango batubeli mpe abikisaki bango na nzela na liloba na Ye ya mibale na ekulusu.

Tango bokotanga buku minei ya Sango Malamu, eyanelo ya miyibi mibale ekomami na bokeseni. Na Matai 27:44, elobi, "Bayibi ba oyo babakamaki na ekulusu na Ye bazalaki mpe kotuka ye na maloba moko." Na Malako 15:32, etangi, "Tika ete Kristu Mokonzi na Yisalele akita na ekulusu; bongo tomona mpe tondima. Bango mpe babakisami na ekulusu na Ye elongo bazalaki kotuka ye." Na makomi mibale oyo bokoki kotanga ete miyibi oyo mibale bazalaki kofinga Yesu..

Kasi, na Luka 23, bokotanga ete moyibi moko apamelaki mosusu mpe atubelaki masumu na ye, ayambaki Yesu Christu mpe abikisamaki. Yango ezali mpo ete sango Malamu eyokani na misusu te. Kutu, na Mokano na Ye, Nzambe Andimaki ete bakomi bakoma na ba lolenge ekeseni.

Lelo, soki bo filmer eloko na camera, bokoki kotala yango na sima kasi na tango na Yesu, ezalaki na eloko wan ate nde bakokaki kozwa ata elili moko te ata soki makambo wana mizalaki ya motuya mingi.Bakokaki kaka kokoma makambo mina. Na nzela na bokeseni mina, bokoki kososola mpe kotala likambo na bososoli malamu.

Bososoli malamu ya kobakama na Yesu na Ekulusu

Tango Yesu Ateyaka Sango Malamu, ebele na bato ba landaki ye.Basusu balingaki koyoka mateya na Ye, basusu balingaki komona bikamwiseli mpe bilembo na Lola, basusu balingaki bilei, nde basusu batekaki ba ndako na bango mpona kosalela mpe kolanda Yesu.

Na Luka 9, Yesu Apesaki matondi mpona mapa mitano mpe mbisi mibale. Bato baliaki bozalaki nkoto mitano (Luka 9:12-17).Bokanisa bato boni lisusu, kobakisa ba oyo balingaki mpe bayinaki Yesu mpe basusu na lisanga bakokaki kosangana tango Yesu abakamaki na ekulusu. Lisanga ezingaki ekulusu bongo basoda bapekisaki bango na makonga mpe nguba. Bokanisa bato kowolola Yesu na kozinga Ye pembeni na ekulusu.Lisanga ezalaki kofinga ye. Ata moko na miyibi mibale babakamaki na mopanzi moko azalaki mpe kofinga.

Nani akokaki kondima oyo moyibi na liboso alobaki? Ezalaki pasi kaka ba oyo bazalaki penza pene pene na Yesu nde bakokaki koyoka Maloba na Ye. Moyibi mosusu alobaki likambo na Yesu na elongi kotalisa mabe.Moyibi oyo, solo, azalaki kopamela moyibi wana oyo afingaki Yesu. Kasi, ba oyo bazalaki mosika na loboko mosusu bakokaki kokanisa ete oyo motubeli na moyibi azalaki kopamela Yesu na kati kati.

Na loboko mosusu, na bisika wana ya makelele, mokomi

moko na moko na Sango Malamu na Matai mpe Malako ba oyo bakokaki te koyoka malamu moyibi motubeli, bakanisaki ete ye mpe lokola azalaki kopamela Yesu.

Na loboko mosusu, mokomi na Sango Malamu na Luka ayokaki malamu, nde ayebaki moko na miyibi azalaki kofinga te, kasi atubelaki. Bakomi na kokesana bazalaki na bisika bisika mpe bakomaki na kokesana.

Nzambe,oyo Ayebi nioso, andimaki ete bango bakoma na bokeseni mpo ete mabota ya sima bakoka kososola likambo songolo malamu.

Bisika na Lola mpona motubeli na moyibi

Yesu Alakaki moyibi oyo atubelaki na ekulusu liboso na kufa ete, "Okozala na ngai lelo na Paradiso." Ezali na limbola na molimo.

Lola mboka na Nzambe, ezali monene mingi koleka oyo bokoki kobanza. Ata Yesu ayebisaki bison a Yoane 14:2, "Na ndako na Tata na Ngai bisika mizali mingi; soko te, nalingaki te koyebisa bino; mpo ete nakeyi kobongisela bino esika." Moyembi asengi na biso ete, "Bosanzola Ye likolo eleki, mpe mai mizali likolo na Lola!"(Nzembo 148:4). Nehema 9:6 esanjoli Nzambe Oyo Asalaki ba likolo, Ata likolo eleki.. 2 Bakolinti 12:2 elobeli "Nayebi moto kati na Klisto oyo atombwamaki kino Lola na misato ba mbula zomi na minei eleki. Soko azalaki kati na nzoto to mpe libanda na nzoto nayebi te, nde Nzambe Ayebi." Na Emoniseli 21:2, elobi ete na Yelusalema ya sika ezali na ngwende na Nzambe.

Lolenge moko, ezali na bisika mingi na Lola. Kasi, epesameli bino te kobika bisika nioso oyo bino boponi. Nzambe na sembo Akofuta moko moko kati na bino kolandana na nini bosalaki na mokili oyo: lolenge kani bokolanda Nkolo na bino mpe bosalaki mpona bokonzi na Nzambe mpe boni bobombisaki na Lola, mpe bongo na bongo (Matai 11:12; Emoniseli 22:12).

Yoane 3:6 etangi, "Oyo ebotami na mosuni ezali mosuni, mpe oyo ebotami na molimo ezali ya molimo." Kolandana na lolenge kani moto akomilongola na makambo na mosuni mpe akokoma moto na molimo, bisika na kobika na Lola ekokabolama na masanga na bato na molimo ekokana.

Ya solo bisika nioso na Lola ezali kitoko mingi mpo ete Nzambe Akonzaka kuna. Kasi, ezali na bokeseni ata kati na Lola. Ndakisa, lolenge ya kobika, bizaleli, kobika, mpe bongo na bongo kati na engomba ekeseni na bato kati na mboka. Na lolenge moko, mboka esantu, Yelusalema ya sika, ezali bisika nkembo koleka na Lola wapi ngende na Nzambe ezalaka mpe wapi bana oyo bakokani na Ye mingi koleka bakobika.

Kasi, Paradiso ezali bisika wapi moyibi motubeli na ngonga na suka liboso na kufa na ye na ekulusu abikaki, mpe ezali na zinga zinga na Lola. Ba mingi na ba oyo bakozwa lobiko na soni bakobika kuna. Bato wana bayambaki Yesu kasi bakobaki te na nzela na mbongwana na bato na molimo.

Mpona nini moyibi motubeli akotaki Paradiso?

Atubelaki ete azalaki mosumuki na motema na ye malamu, mpe ayambaki Yesu lokola Mobikisi na ye. Kasi, alongolaki masumu na ye kati na motema te, mpe abikaki kolandana na liloba na Nzambe te, to koteya sango malamu epai na basusu. Asalaki mpona Nkolo te. Asalaki eloko moko te mpona kozwa lifuti na Lola. Tala tina akotaki na Paradiso, bisika na se koleka na Lola.

Yesu Akiti na Nkunda na likolo

Ata soki Yesu alakaki moyibi ete lelo okozala na ngai na Paradiso," elingi kolobate ete yesu abikaka kaka na Paradiso na Lola. Yesu, Mokonzi na bakonzi mpe Nkolo nab a nkolo, akonzaka mpe abikaka na bana na Nzambe nioso na Lola mobimba, ata Paradiso mpe na Yelusalema na sika. Na boye Akobika na Paradiso lolenge moko na bisika misusu na Lola.

Tango Yesu ayebisaki moyibi oyo abikisamaki ete, "Lelo okozala na Ngai na Paradiso," "Lelo"elakisi kaka mokolo oyo Yesu akufaki na ekulusu to mosusu kasi, akozala na moyibi mosumuki bisika nioso lokola akomi mwana na Nzambe.

Tango bokotala kati na Biblia, Yesu Akendeki na Paradiso sima na kufa na Ye te. Na Matai 12:40, Yesu Ayebisaki ba Falisai ete, "Lokola Yona azalaki na libumu na mbisi monene mikolo misato mpe butu misato, bongo Mwana na Moto akozala na libumu na mabele mikolo misato mpe butu misato" Baefese 4:9 etangi, "Elobi Ye ete, 'Amat,' ezali na ntina mosusu nini bobele ete Akiti mpe epai na kati kati na mokili?"

Na kobakisa, 1 Petelo 3:18-19 elobi, "Mpo ete Kristu Akufaki mpona masumu mbala moko mpo na libela, Ye Moyengebene mpo na bakeseni, ete Abelemisa biso na Nzambe. Abomamaki solo na nzoto na Ye mpe Azalisami na bomoi na molimo.Na yango Akendeke mpe kosakola milimo mikangami." Yesu akendeki na nkunda na likolompe Ateyaki Sango Malamu na milimo liboso na Ye kosekwa o mokolo na misato. Tina na yango nini?

Liboso na Yesu koya kati na mokili oyo, bato mingi na boyokani na kala mpe baton a boyokani na sika bazwaka libaku malamu te ya koyoka Sango Malamu kasi babikaki na bolamu na kondimela Nzambe. Yango elakisi ete bato nioso bakendeki lifelo mpo ete bayebaki Yesu te?

Nzambe Atinda Muana na Ye se moko na likinda mpe nani nani oyo akoyamba Ye abikisama. Nzambe Alingaka kobanda bokolio na bato kaka mpo na kobikisa baye oyo bakondimela kaka Yesu Kristu sima na kobakama na Ye na ekulusu. Ba oyo bazalaki na libaku malamu te ya koyoka Sango Malamu kasi babikaki na mitema malamu bakosambisama kolandana na mitema na bango.

Na yango, ba oyo na mitema malamu lokola ba oyo

bakosangana na "nkunda na likolo." Kasi na loboko mosusu, "Nkunda na se" oyo ebengami mpe "Adesi" ezali bisika milimo na bato mabe bakozala kino esambiselo. Na sima na kobakama na Ye, Yesu Akendeki na Nkunda na Likolo mpe Ayeyaki Sango Malamu na milimo baye bayebaka Sango Malamu te kasi babikaka na mitema malamu mpe bakokaki mpona kobikisama.

Ezali kombo mosusu te na nse na moi oyo epesamela bato mpona kobika kaka kombo na Yesu Christu. Tala tina Yesu akendeke koteya na nkunda mpona makambo matali ye moko epai na milimo mpo ete bayamba Ye mpe babikisama.

Biblia elobeli biso ete milimo mibikaki liboso na kobakama na Yesu na ekulusu, bazalaki komemana na bisika na Abalayama (Luka 16:22), kasi bakomaki kokende bisika na Yesu sima na Lisekwa.

Lobiko kolandana na esambiselo na motema

Liboso na Yesu koya na mokili oyo pona koteya Sango Malamu, bato malamu babikaki na kolanda bosembo kati na mitema na bango. Wana nde Mobeko na motema. Bato malamu basalaka mabe te ata na tango bazalaki na kokoso mpe pasi, mpo ete bazalaka koyoka mongongo ya mitema na bango.

Baloma 1:20 etangi, "Mpo ete longwa na ntango wana ezalisaki Ye mokili, makambo na ye mazangi komonana, yango nguya na ye na seko mpe bonzambe na Ye, Asili koyebisa yango polele epai na makanisi na bato, bongo bamemi ngambo."

Na kotalaka univer mpe lolenge kani makambo nioso na mokili ekotambola, bato na mitema malamu bakondimaka ete ezali na bomoi na seko. Tala tina bakobika kolandana na masumu na mbotama na bango te, mpe bakomibatela mpona kosepela makambo na mokili te na kobanga Nzambe.

Baloma 2:14-15 etangi, "Bapagano baoyo bazangi mibeko, awa ezali bango kosalaka makambo na mibeko (ata bazangi mpenza mibeko) bazali na mibeko kati na mitema na bango moko. Bazali komonisa polele ete makambo malaki mibeko makomami na mitema na bango. Lisosoli na mitema na bango etatolak„makanisi na bango ndenge na ndenge makolobela mpe bango mpona kokitisa bango soko kolongisa bango,"

Nzambe Apesa Mibeko kaka na BaYisalele kasi na bapaya te. Kasi, ezali lokola bapagano bazali kobika kolandana na Mobeko tango bakobika kolandana na Mobeko kati na mitema na bango, mitema na bango mikozwa mbano mpe bakosalela yango. Bokoki te koloba ete ba oyo bayambaki Yesu Christu te bakokoka kobika te mpo ete batikala koyoka Sango Malamu na bomoi na bango te.

Kati na ba oyo bakufa na koyeba Yesu Christu te, ezalaki na bato oyo bakokaki komibatela na makanisi mabe mpona bopeto na mitema na bango. Ba wana bakobikisama kolandana na esambiseli na mitema na bango.

3. Ee mwasi, Tala mwana na yo; Mwana mama na Yo

Ntoma Yoane akomaki oyo ye amonaki mpe ayokaki na ekulusu oyo babakaki Yesu. Ezalaki na basi mingi na Malia mama na Yesu; Salome, ndeko na muasi ya mama na Ye; Malia muasi na Cleopas; mpe Malia madelene. Na Yoane 19:26-27, Yesu alobeli Malia mamana Ye oyo azalaki na mawa ete akanisa Yoane lokola muana na Ye mpe ayebisa Yoana ete akamata ye lokola mama na ye:

Emoni Yesu mama na Ye mpe moyekoli molingami na Ye, azalaki kotelema pembeni, Alobi na mama na Ye ete, "Muasi tala muana na yo". Na sima alobi na moyekoli yango ete, "Tala mama na yo." Longwa na tango yango, moyekoli yango akamati ye na ndako na ye moko.

Pona nini Yesu Abengaki Malia "Muasi," kasi "mama te"?.

Liloba "mama" elobami na Yesu te, kasi ekomami na ntoma Yoane na ndenge na ye. Tina, nini, Yesu Abengaki mama na Ye moko oyo abotaki Ye "mwasi"?

Tango bokotala Biblia, Yesu abenga ye "mama" te.

Ndakisa, na Yoane 2:1-11, Yesu atalisaki elembo ya liboso na kobongola main a vigno sima na Ye kobanda mosala na Ye.

Elembo oyo oyo esalemaki na libala na Kana na Galilea. Yesu

mpe bayekoli na Ye babengisamaki mpe na feti. Tango vigno esilaki, Malia ayebisaki Ye ete, "Bazali lisusu na Vigno te".Mpo ete ayebaki Ye lokola Muana na Nzambe Azalaki na makoki ya kobongola mai na Vigno. Bongo Yesu Alobelaki ye ete, "Muasi, likambo nini na ngai,? Ngonga na ngai naino ebelemi te" (e.4).

Yesu Azongiselaki ete ngonga na Ye mpona komitalisa lokola Mesia naino ekomaki te ata soki Malia ayokaki mawa mpona bapaya mpo ete vigno ezalaki lisusu te. Kobongola mai na vigno na molimo elakisi ete Yesu akotangisa makila na Yena ekulusu.

Yesu Atatolaki likolo na Ye moko ete Ayaki na mokili oyo lokola Mobikisi na kokokisa mokano na Nzambe mpona lobiko na baton a ekulusu. Bongo Abengaki Malia "muasi," kasi "mama" te.

Ata bongo, Nkolo na biso Yesu Azali Nzambe na Misato mpe Mokeli. Nzambe Azali Mokeli Oyo Azali (Esode 3:14), mpe Ye Azali ya Yambo mpe Ya Suka (Emoniseli 1:17, 2:8).Bongo, Yesu Azali na mama ten de tala tina Yesu abengaki ye 'muasi," kasi "mama" te.

Lelo ebele na bana na Nzambe balobelaka Malia lokola mama esantu ata na kosala ekeko na ye mpe kongumamela yango. Bosengeli kososola ete yango mpenza ezali mabe mpo ete ye azali mama na Mobikisi na biso te (Esode 20:4).

Kozala moto na Lola

Yesu Apesaki makasi na Malia oyo azalaki na pasi mingi mpo ete Ye abakamaki na ekulusu mpe Alobelaki moyekoli molingami na Ye ete akamata Malia lokola mama na Ye moko. Ata soki Yesu Anyokwamaki na pasi makasi na ekulusu, Azalaki komitungisa mpona oyo ekokomela Malia sima na kufa na Ye. Bokoki komona bolingo na Ye awa.

Na nzela ya maloba ya misato ya Yesu na ekulusu, tokoki komona ete na kondima, tozali biso nioso bandeko mibali mpe basi kati na libota na Nzambe. Na Matai 12 ezali na bisika oyo libota na Yesu eyaki kotala Ye. Tango bayebisaki Yesu ete mama na Ye mpe bandeko na Ye ya mibali batelemaki libanda, ayebisaki etuluku ete:

Kasi Yesu azongiseli moto oyo alobi na ye ete, mama na ngai nani? Mpe bandeko na ngai nani? Asemboli loboko na ye epai na bayekoli na Ye mpe alobi ete, tala mama na ngai mpe bandeko na ngai. Mpe ete ye nani akosalaka mokano na Tata na ngai na Likolo, ye azali ndeko mobali na ngai mpe ndeko muasi mpe mama. (Matai 12:48-50).

Na lolenge kondima na bino ezali kokola sima na koyamba Yesu Christu, tina na kozala bato na Lola kati na bino ekoyeisama malamu mpe bokolinga bandeko mibali mpe basi kati na Christu, koleka bandeko ya mabota na bino.

Mosuni na nzoto na nzoto na bino ekozonga putulu kasi bozali na molimo oyo ekokufaka te Soki Nzambe Akamati molimo na bino, bokozala kaka ebembe oyo ekopola na kala te. Nzambe Mokeli Asalaka moto ya yambo na putulu na mabele mpe Apemaki pema na bomoi kati na zolo na ye, bongo molimo na ye ekomaki ya seko. Ezali Nzambe nde Azalisa molimo na bino oyo ekufaka te, mpe asalaki mosuni oyo ekozonga na putulu. Bongo, Azali solo Tata na bino.

Matai 23:9 elobeli biso ete, "Bobianga moto nioso tata awa na mokili te; mpo ete moko Azali Tata, Ye oyo Azali na Likolo." Oyo elakisi te ete bosengeli te kolinga bapagano na libota na bino. Ezali motuya mpo ete bolinga bango penza, boteya bango Liloba mpe bomema bango na kolinga Yesu Christu..

4. Eli, Eli, Lama Sabakatani?

Yesu Abakamaki na ekulusu na ngonga misato, mpe longwa ngonga motoba, molili eyaki na mokili mobimba kino ngonga libwa tango apemaki pema ya suka. Mpona kobongola yango na tango ya lelo, Abakamaki o ekulusu na neuve heure ya tongo, mpe na sima na ngonga misato, na midi, molili eyaki na mokili mobimba kino quinze heure.

Esili ngonga na motoba kokoma, molili ezipi mokili mobimba kino ngonga na libwa. Na saa misato Yesu angangi na mongongo makasi ete,Eloi! Eloi! Lama Sabakatani? (Ntina Na yango ete, Nzambe Na ngai, mpo nini osundoli Ngai?")

Na sima na ngonga motoba, Yesu Angangaki epai na Nzambe, "Eli, Eli, lama Sabakatani?" Ezali liloba ya minei na Yesu na ekulusu.

Yesu Alembaki, mpo ete Abakamaki na ekulusu ngoga motoba na kotangisaka makila na ye mpe main a nse na moi makasi na lisobe.Alembaki mpenza.Mpona nini, Angangaki?

Moko moko na maloba sambo na Yesu na ekulusu ezali na limbola na molimo. Soki mayokanaka te, bisengelaki mizala pamba. Maloba sambo misengelaki kokomama malamu kati na Biblia, mpo ete moto nioso asosola mokano na Nzambe.

Na yango, Angangaki maloba sambo na ekulusu na makasi na Ye nioso, mpo ete ba oyo pembeni na ekulusu bayoka malamu mpe bakoma yango.

Basusu balobaka eteYesu Angangaki mpona kanda epai na Nzambe, mpo ete Asengelaki koya na mokili oyo na mosuni mpe ayoka pasi monene mpona pamba.Kasi, ezali soko moke bongo te.

Pona nini Yesu Angangaki,, "Eli, Eli, Lama Sabakatani?"

Tina Ayaka na mokili ezalaki mpona kobebisa misala na

zabolo mpe kofungola ekuke na Lobiko mpona biso.

Bongo, Yesu Atosaka mokano na Nzambe kino kufa mpe amikabaki mobimba. Liboso na kobakama na Ye na ekulusu, Abondelaki makasi koleka mpe motoki na Ye ezalaki lokola mboma na makila kokweyaka na mabele (Luka 22:42-44). Amemaki mokumba na Ye, na koyebaka malamu pasi Akomona na ekulusu.

Andimaki pasi mpe minyoko na ekulusu mpo ete Ayebaki mokano na Nzambe mpona bato. Boni, sik'awa, Yesu Akoyoka mabe mpona kufa na Ye? Konganga na Ye ezalaki kanda to komilela epai na Nzambe te. Yesu Azalaki na tina ya kosala yango.

Yambo, Yesu alingaki kosakola na mokili ete abakisamaki mpona kosikola basumuki nioso.

Alingaki bato nioso basosola ete Atikaki nkembo na Ye na Lola mpe Atalisamaki mpenza pamba na miso na Nzambe ata soki Azalaki Muana na Nzambe na likinda. Angangaki mpo ete bato nioso bayeba ete Azalaki konyokwama na pasi monene na ekulusu mpona kobikisa mpe kosikola basumuki. Biblia etalisi ete Amesanaka kobenge Nzambe "Tata na ngai," kasi na ekulusu Yesu Abengaki Ye, "Nzambe na ngai." Yango, mpo ete Yesu azwaki ekulusu mpona basumuki mpe basumuki bakoki kobenga Nzambe Tata te.

Na ngonga wana, Nzambe Akitisaki Yesu lokola mosumuki oyo amemaki masumu na bato nioso, mpe Yesu akokaki komeka kobenga Nzambe Tata te. Na lolenge moko book benga Nzambe "Abba Tata" tango bozali kokabola bolingo kasi bokobenga Ye "Nzambe" tango bosumuki to mpe kondima na bino ezali malonga te.

Nzambe Alingi bato nioso bakoma bana na Ye ya solo, ba oyo bakoki kobenga Ye "Tata" na kondimela Yesu Christu mpe kotambola na pole.

Mibale Yesu alingaki kokebisa bato oyo bayebaki mokano na Nzambe te mpe bakobaki kobika na molili.

Nzambe Atibdaka muana na Ye se moko Yesu Christu na mokili oyo mpe Andimaki ete baseka Ye mpe babaka Ye na ekulusu epai na bikelamo na Ye moko.

Yesu Ayebaka mpona nini Nzambe atalaki pamba Muana na Ye, kasi etuluku ba oyo babakaki Ye, bayebaki mokano na Nzambe te. Angangaki"Nzambe na nagi, Nzambe na ngai, pona nini Osundoli ngai?" mpo ete bazangi bososoli basosola Bolingo na Nzambe mpe batubela mpo ete bazongela nzela na Lobiko.

5. Nayoki posa ya komela

Na boyokani na kala ezali na bisakoli mingi likolo na minyoko na Yesu na ekulusu. Na Nzembo 69:21, elobi, "Mpona bilei bapesi ngai biloko na bololo, ezalaki nagi na posa na mai bapesaki ngai main a bololo mpona komela.." Lolenge esakolamaka na Nzembo, tango Yesu alobaki ete, "Nayoki posa na mai," bato bazindisaki linuka kati na mai na ngai, batiaki eponge etondi mai na ngai likolo na mokekele, mpe batombolaki yango na bibebo na Yesu.

Nsima na makambo oyo, wana eyebi Yesu ete makambo yonso masili kosukisama, ete likomi likokisama, Alobi ete, "Nazali na posa na komela." Mbeki oyo etondi na mai na ngai etiami wana. Batii linuka litondi na mai na ngai likolo na mokekele mpe banetoli yango kino monoko na Ye. (Yoane 19:28-29).

Kala liboso na mbotama na Yesu na engomba Beteleme, Moyembi amonaki na emoniseli ete Yesu akobakama na ekulusu mpe Akokufa na ekulusu, mpe akomaki yango.Yesu Alobi, "Nayoki posa ya komela" mpo ete likomi wana ekokisama. Tika tobanza mpona liloba ya mitano na Yesu na ekulusu, "Nayoki posa ya komela."

Yesu Atatoli posa na Ye ya komela na molimo

Bato mingi bakokaka nzala kasi posa na komela te. Yesu Alembaki mpenza mpo ete abetamaki sete na ekulusu mpona tango motoba mpe atangisaki makila na Ye na nse na moi makasi na lisobe. Mposa na komela na Ye ezalaki kolekela mayele.

Oyo elingi koloba te ete Yesu akokaki kokanga posa na Ye ya komela te, tango Alobaki ete, "Nayoki posa na komela." Ayebaki ete akozongela Nzambe kala te kati na kimia.

Bongo, Azalaki kyoka pasi na posa na komela na molimo koleka oyo ya mosuni. Yango ezali mposa makasi na Yesu mpona bana na Nzambe: "Nayoki posa na komela mpo ete natangisi makila na Ngai. Bosilisa posa na ngai ya komela na kofuta pona makila na ngai."

Mbula nkoto mibale mileka wuta kufa na Yesu na ekulusu, kasi Akobi koyebisa biso ete Azali na posa na komela. Atangisa makila na Ye mpona kolimbisa masumu na bino mpe kopesa bino bomoi na seko.

Yesu Ayebisi bino ete Azali na posa na komela mpona kotalisa posa na Ye ya kobikisa milimo mibunga. Na yango, bana na Nzambe baye babikisami na makila ma Yesu basengeli kofuta mpona makila ma Ye.

Nzela ya kofuta mpona makila ma Ye mpe kosilisa posa na komela na Ye, ezali kolongola baton a nzela na lifelo mpe komema bango na oyo na Lola.

Bongo, bosengeli kopesa matondi pona Yesu Oyo Atangisaka makila ma Ye mpe sik'oyo bosilisa mposa na Ye ya komela na komema baton a nzela na lobiko.

6. Esili

Na Yoane 19:30, Yesu Yesu azwaki mai mpe Alobaki ete, "Esili" mpe Akitisaki moto mpe Azongisaki molimo. Yesu Andimaki eponge likolo na mokekele. Ezalaki te mpo ete akokaki te kokanga mposa na komelanaYe.Ezali na limbola na molimo mpona ezaleli na Ye.

Tina na koya na Yesu kati na mokili oyo, ezalaki ete akufela bato na ekulusu mpona masumu na bango. Na bolingo monene na Ye mpona biso, Yesu akokisaki mobeko na Boyokani na Kala mpe amemaki masumu na bato nioso mpe bilakeli mabe. Na tango ya Boyokani na kala, bato bazalaki kobonzela Nzambe mbeka na makila na nyama tango basumukaki. Kasi, Yesu Amipesaki mbeka na masumu mpona libela, na kotangisaka makila ma Ye (Baebele 10:11-12). Bongo, masumu na bino malimbisami tango boyambi Yesu Christu mpo ete Asi asikola bino. Ngolu na kosikola onzela na Yesu Christu etalisami na vigno ya sika, mpe Amelaki vigno na mai ngai mpona kopesa biso vigno ya sika.

Limbola ya molimo mpona liloba "Esili"

Yesu akomaki mosuni, ayakana mokili, ateyaka Sango Malamu, abikisa bokakatanimpe malady nioso, mpe afungola nzelana lobiko na kondimaka ekulusu mpona baye nioso basengelaki kokufa.

Akokisaki Mobeko na boyokani na sika na bolingo lolenge amikabaki mbeka na kufa. Lisusu, Alongaki zabolona kobebisaka mobimba na misala ma ye. Ezali ete, akokisaki Mokano na Nzambe mpona Lobiko na bato. Tala tina Yesu alobaki ete, "Esili" na ekulusu.

Nzambe Alingi bana na Ye bakokisa nioso na kobikaka kolandana na mokano na Nzambe lolenge muana na Ye se moko Yesu akokisaki mokano nioso ya lobiko na kotosaka Tata, kino kopesa bomoi na Ye, kolandana Posa mpe Mokano na Nzambe.

Na yango, bosengeli naino kolanda motema na Nkolo na bino, na kozwa bolingo na molimo, Komema makabo libwa na Molimo Mosantu (Bagalatia 5:22-23) mpe bokokisa ba beatitude (Matai 5:3-10). Bongo bosengeli kozala sembo na mosala epesameli bino epai na Nkolo. Bosengeli komema bato mingi epai na Nkolo na kobondelaka makasi, koteya sango malamu, mpe kosalela egelesia.

Nakolikia ete moko moko kati na bino, bana bolingo na Nzambe, bokolonga mokili na kondima makasi, elikya mpona lola mpe bolingo mpona Nzambe, mpe botatola, "Esili" na kotosaka Nzambe mpe Mokano na Ye, lolenge Nkolo na biso Yesu Christu Atalisaki.

7. Tata, Kati na Maboko ma Yo Natiki Molimo na Ngai

Na tango Alobaki maloba ma Ye ya suka na ekulusu, Yesu alembaki mpenza. Na bisika oyo, angangaki na mongongo makasi ete, "Tata, na Maboko ma Yo Natiki Molimo na Ngai."

Yesu angangaki na mongongo makasi ete, Tata, Nazali kotika Molimo na Ngai na Maboko na Yo. Esili Ye koloba bongo Akufaki." (Luka 23:46).

Bokoki komona ete Yesu Abengaki Nzambe, Tata bisika Aloba Nzambe na Ngai." Yango etalisi ete Yesu Asilisaki sik'awa mosala na Ye lokola mbeka.

Yesu Atikaki Molimo mpe molema na Ye epai na Nzambe

Pona nini Yesu oyo Ayaki na mokili lokola Mobikisi na biso, Atika Molimo na Ye mpe molema na Maboko na Tata na Ye? Moto asalema na molimo, molema mpe nzoto (1 Batesaloniki 5:23). Tango akufi, molimo na ye mpe molema mikotika nzoto na ye. Molimo mpe molema na ye ekokende bisika na Nzambe soki azali muana na Nzambe. Soko te, molimo mpe molema na ye ekokende na lifelo (Luka 16:19-31).

Nzoto na ye ekokundama mpe ekozonga putulu.

Yesu Muana na Nzambe, Akomaki mosuni mpe Ayaka na mokili oyo. Azalaki na molimo, molema, mpe nzoto lolenge na biso. Na kobakama na ekulusu, nzoto na Ye ekufaki kasi molimo mpe molema te; Atikaki Molimo mpe Molema na Ye na maboko na Nzambe.

Nzambe Ayambaka molimo mpe Mmolema na bino tango bokokufa. Soki Nzambe Ayambaka kaka molimo kasi molema te, bokosepelaka esengo ya solo te na Lola to bopesa matondi na mitema na bino nioso. Tina? Bokobanza makambo ewutaka na molema na bino te, lokola, kolela, mawa, minyoko mpe makambo misusu oyo bokutanaki na yango na mokili. Tala tina Nzambe Azwaka molimo mpe molema.

Bongo, na tina nini, Yesu Atikaki Molimo mpe Molema na Ye epai na Nzambe? Ezali mpo ete Nzambe Azali Mokeli, oyo Akambaka makambo nioso na univer mpe atalaka bomoi na bino, kufa, kolakelama mabe, mpe mapamboli. Yango ezali koloba, makambo nioso ezalaka ya Nzambe mpe mazali na nse na bokonzi na Ye. Nzambe Azali kaka moko oyo Ayanolaka mabondeli na bino. Bongo, Yesu Ye moko Asengelaki kobondela pona kotika Molimo mpe Molema na Ye epai na Nzambe Tata (Matai 10:29-31).

Yesu Abondelaki na Mongongo Makasi

Tina nini Yesu Abondelaki na mongongo makasi ata soki Azalaki kati kati na minyoko makasi, nakolobaka ete, "Tata, kati na maboko ma yo Natiki Molimo na Ngai"?

Yango ezalaki mpo ete Alingaki bato koyoka mpe Atika bango kososola ete, konganga na mabondeli ezali Mokano na Nzambe. Libondeli na Ye pona kotika Molimo na Ye epai na Nzambe ezalaki makasi lokola libondeli na Ye na Getesemane liboso na kokanga Ye.

Lisusu, Libondeli na Yesu, "Tata, na Maboko na Yo Natiki Molimo na Ngai," etalisi ete Yesu Akokisaki nioso kolandana na mokano na Tata. Yango ezali, Akokaki sik'oyo kotika Molimo na Ye na lolendo, sima na Ye kokokisa mosala na Ye na botosi nioso epai na Tata.

Toma Polo atatolaki ete, "Nasili kobunda etumba malamu, nasilisi nzela na kotambola, nasili kobatela kondima.Longwa na sasaipi montole na boengebene ebombami mpona oyo Nkolo, Mosambisi na sembo, Akopesa ngai na mokolo yango, nde bobele na ngai te kasi na bango nioso basili kolinga komonana na Ye" (2 Timote 4:7-8).

Mosungi Setefano mpe abikaki kolandana na mokano na Nzambe mpe abatelaki kondima. Tala tina akokaki kobondela ete, "Nkolo Yesu, Yamba molimo na ngai" lolenge apemaki suka na ye (Misala 7:59). Ntoma Polo na Setefano bakokaki kobondela lolenge wan ate soki babikaka lolenge na mokili, na kolandaka baposa ewutaka na masumu.

Na boye, bokoki koloba na lolendo ete, "Esili" mpe "Tata, na Maboko na Yo natiki molimo na ngai," lolenge Yesu Asalaki, na tango bobikaki kaka kolandana na Mokano na Tata Nzambe

Yesu Akufaki na ekulusu na sima na Ye kotika maloba ya suka na mongongo maksi. Ezalaki ngonga libwa (ngonga misato na après midi). Ata soki ezalaki moi, molili eyaki na mokili mobimba kobanda ngona motoba (midi) kino libwa mpe elamba na tempelo ekabwanaki na mibale (Luka 23:44-45).

Mpe tala elamba na tempelo epasolami longwa na likolo kino na nse mpe mokili eningani mpe mabanga mapasolami mpe ba lilita mafungwami mpe bibembe mingi na bato na sembo baoyo bazalaki kolala isekwi. Mpe elongwe bango na nkunda na sima na lisekwa na Ye, baingeli na mboka na bulee, bamonani na bato mingi. (Matai 27:51-53)

Ezali na limbola na molimo ya motuya na liloba oyo, "Elamba na tempelo epasolami na biteni mibale longwa likolo kino na nse." Elamba molayi na Tempelo ezalaki kokabola bisika na Bulee na bisika na Bulee Eleki. Moko te akokaki kokota bisika na Bulee kaka nganga Nzambe mpe kaka nganga Nzambe mokonzi akokaki kokota Bulee Eleki mbala moko na mbula.

Bopasolami na elamba na tempelo elakisi ete Yesu Amikabaki lokola mbeka na kimia mpona kokweisa efelo na masumu. Liboso na elamba kopasolama na biteni mibale, nganga Nzambe mokonzi azalaki kopesa mbeka kati na bato mpe Nzambe. Bokoki kozala na boyokani na Nzambe, na mbala moko mpo ete efelo na masumu ekweisami na nzela na kufa na Yesu. Yango ezali ete, nani nani oyo andimeli Yesu akoki kokota na esika na bulee mpe angumbamela mpe abondela Nzambe na kozelaka nganga Nzambe to mosakoli te.

"Bongo mokomi na buku na Baebele atalisi ete, "Boye, bandeko tozali na elikya ete toingela na Esika na bulee mpona makila na Yesu na nzela na sika mpe na bomoi oyo ye asili kofungolela biso, koleka kati na elamba, yango mosuni na Ye."

Lisusu, mabele eninganaki mpe mabanga mapasukaki. Makambo nioso oyo miyebisi bino ete biloko nioso na mokili mininganaki. Ezalaki Mpona kotalisa komilela na Nzambe mpona mabe na moto. Nzambe Atalisaki ete Azokaki makasi mpo ete motema na moto eyeisamaki libanga mpenza mpona koyamba Yesu Christu ata soki Apesaki Muana na Ye se moko na likinda mpona kobikisa bango.

Mayita mafungwamaki mpe ba nzoto na basantu mingi, ba oyo bakufaka basekwaka na bomoi. Ezali elembo na lisekwa oyo ete nani nani akondimela Yesu Christu alimbisami mpe akobika lisusu.

Bongo, nakolikya ete bokososola limbola na molimo mpe bolingo na Nkolo na maloba ma Ye sambo na ekulusu mpo ete bokoka kobika boKristu kati na elonga, na kolikyaka komonana na Nkolo lokola batata na kondima.

Chapitrew 8

Kondima ya solo mpe Bomoi na Se

"Ye oyo akolia mosuni na ngai mpe akomela makila ma ngai azali na bomoi na seko mpe ngai nakosekwisa ye na mokolo na suka. Mpo ete mosuni na ngai ezali bilei na solo mpe makila ma ngai ezali bimeli na solo. Ye oyo akoliaka mosuni na ngai mpe akomelaka makila na ngai akoumela kati na Ngai mpe Ngai kati na ye.. Lokola Tata na Bomoi Asili kotinda ngai mpe ngai nazali na bomoi mpona Tata, boye ye oyo akoliaka ngai akobika mpona Ngai."

Yoane 6:54-57

Suka na likambo mpona kondimela Yesu Christu mpe koya na ndako na Nzambe ezali kobikisama mpe kozwa bomoi na seko. Kasi, bato mingi bakanisaka ete bakobikisama kaka na kokendeke na ndako na Nzambe o mokolo ya eyenga mpe na kolobaka ete bandimela Yesu Christu, na kobikaka te lolenge Liloba na Nzambe esengi.

Ya solo, lokola elobama na Bagalatia 2:16, "Nde toyebi ete moto akolonga na nzela na mibeko te kasi na nzela na kondima Klistu Yesu. Biso mpe tosili kondima Klistu Yesu tolongi mpona kondima Klistu mpe pona Mibeko te. Mpo ete ata moto moko te akolonga mpona Mibeko.."

Bongo, bosengeli kososola ete ezali pasi pona bino bobikisama kaka na kotatolaka kondima na bino na bibebo. Makila ma Yesu Christu epetolaka bino na masumu na bino mpe kobikisa bino kaka tango bokotambola kati na Pole mpe bokobika na solo. Bosengeli kozala na kondima na solo oyo elandisama na misala (1 Yoane 1:5-7).

Sik'awa tika totala na mozindo lolenge nini ya kozala na kondima ya solo mpona kozwa lobika nioso mpe bomoi ya seko lokola bana solo na Nzambe.

1. Nini Libombami monene ezali!

Etangi na Baefese 5:31-32 ete, "Na ntina oyo moto akotika tata mpe mama mpe akomibakisa na mwasi na ye mpe bango mibale bakokoma bobele moko.Likambo oyo lizali libombami monene. Ngai nalobo ete ezali mpo na Klistu mpe lingomba".

Ezali likambo lisengeli ete bato batika baboti na bango mpe basangana na mibali na bango to basi na bango tango bakoli. Tina nini, Nzambe Alobaki ete ezali libombami monene?Soki bokososola mpe kolimbola eteni oyo na nzoto, bokososola te nini yango elakisi,kasi soki bososoli limbola na yango na molimo bokotondisama na esengo.

Egelesia Awa elakisi bana na Nzambe ba oyo bayambi Molimo Mosantu. Nde, Nzambe Ata lisaka boyokani kati na Yesu mpe bandimi na boyokani kati na mobali mpe muasi tango basangani.

Lolenge kani bokoki kotika mokili mpe bosangana na Mobali na bino ya libala Ysu Christu?

Soki Ondimeli Yesu na Kondima

Wuta moto wa yambo Adamu asumukaka na kozanga kotosa Nzambe, lisumu ekotaki na mokili. Bakitani na ye nioso bakomaki baumbu na masumu mpe bana na moyini zabolo oyo akonzaka mokili oyo.

Bomeseneke kozala ya mokili oyo mpe ya moyini zabolo, oyo azali na nguya na mokili oyo ya molili, liboso na bino bondimela Yesu Christu. Yango endimama na Yoane 8:44, yango etangi,

"Bino bouti na tata na bino, zabolo, mpe mokano na bino ezali ete bosala mposa na tata na bino. Ye mobomi na bato longwa na ebandeli; atelemi kati na solo te mpo ete solo ezali kati na ye te. Wana ekosololaka ye lokuta azali kosolola makambo na ye moko mpo ete azali mobuki lokuta mpe tata na yango." Mpe na 1 Yaone 3:8, yango elobi ete, "Ye oyo akosalaka masumu auti na zabolo mpo ete zabolo azali kosala masumu longwa na ebandeli."

Kasi, tango bondimeli Yesu Christu lokola mobikisi na bino mpe baye kati na pole, bokozwa nguya na bana na Nzambe mpe bokosikolama na masumu, mpo ete masumu na bino malimbisami na nzelana makila ma Yesu Christu.

Soki bozali na kondima ete Yesu Christu asikola bino na masumu na kozwaka ekulusu na Ye, Nzambe Akopesa bino Molimo Mosantu lokola likabo, mpe Molimo Mosantu ekobota molimo kati na motema na yo. Molimo Mosantu ekoyebisa mpe Ekolakisa yo mokano na Nzambe mpona bizaleli mpe kobika kati na solo.

Tango okomi muana na Nzambe oyo akambami na Molimo Mosantu, na Ye bokonganga, "Abba Tata" (Baloma 8:14-15), mpe bokozwa bokonza na Lola.

Boni malamu mpe nkamwa ezali ete bana na zabolo ba oyo bakweyaka kati na kufa na seko, bakoma bana na Nzambe mpe sik'awa batambusami na nzela na Lola kati na kondima!

Tango bosangani na Yesu Christu na kondimelaka Ye, Molimo Mosantu Eyei na motema nay o mpe Asangani na na nkona na bomoi. Nzambe Akelaka moto na yambo na putulu mpe Apemaki pema na bomoi na zolo na ye. Mpema na bomoi ezali nkona na bomoi, bomoi yango moko. Bongo, ekoki kokufa te mpe epesama na bakitani o nzela na main a mobali mpe maki na muasi bikeke na bikeke.

Nkona oyo na bomoi ezipama na motema. Na sima na Nzambe kokela Adamu, Alonaki boyebi na bomoi,, boyebi na milimo kati na motema na ye. Lolenge muana oyo abotami sika asengeli koyekola makambo na mokili oyo mpona kozala moto na bizalali mpe kobika lokola moto, ekelamo na bomoi azali na posa na boyebi na bomoi, mpo na kokoma solo moto na bomoi ata soki azali bomoi ye moko.

Adamu azalaki kaka na boyebi na molimo na tango moko, mingi mingi solo. Kasi, na sima na ye koboya kotosa Nzambe, lisolo na Nzambe ekatanaki. Abandaki sik'awa kobungisa boyebi na molimo moke moke, mpe lokuta ezwaki bisika na motema na ye.

Wuta tango wana, motema oyo etondisamaka kaka na solo eyaka kotondisama na biteni mibale: solo na lokuta. Ndakisa,

Adamu azalaka na bolingo kati na motema na ye, kasi moyini alonaki lokuta, ebengami koyina kati na ye. Na yango, lolenge bokoki komona na Genese 4, Caina, oyo Adamu abotaki na sima na ye kosumuka, abomaki ndeko na ye Abele mpona likunia mpe zua.

Na koleka na tango, eteni mosusu ebandi kobotama na motema, oyo etondisamaki na solo mpe lokuta.Eteni yango ebengami "nature." Bozwaka yango na baboti na bino. Bokotiaka oyo bomoni, boyoki, mpe boyekoli elongo na sentiment na makanisi na bino.Biteni oyo mibale ekolandaka solo.

Nature oyo ebengami conscience, mpe yango salami na bokeseni mingi kolandana na baton a lolenge nini bokokutana na bango, ba buku nini bokotangaka, mpe makambo nini bomonaka na kokola. Na ndakisa, tango bozali kotala na makambo moko to na bato, basusu bakolobaka ete, "Ezali mabe" tango basusu bakoki mpe koloba ete, "Ezali malamu" to "ezali ya bolamu."

Na yango, tango bokotala motema na moto, ezalaka na eteni na solo oyo ya Nzambe, mpe lokuta oyo epesama na Satana, mpe lolenge moko esalama na lisanga na oyo mibale.

Molimo Mosantu Esangana na nkona na bomoi kati na Motema

Na oyo etali Adamu, biteni oyo misato mizalaki kozipa

nkona na bomoi oyo epesamaka na Nzambe kati na motema. Lolenge oyo ezalaki tango Liloba na Nzambe oyo elobi ete,"Okokufa solo" ekokisamaki,sima na Adamu kolia na nzete na boyebi malamu mpe mabe. Ata soki ezali na nkona na bomoi, ekesani ten a kozanga bomoi soki ezali kosala te.

Ndakisa, tango bokolona nkona na mabele, ezali te ba nkona nioso nde ekokola mpo ete misuue misi mikufa. Kasi soki nkona ezali na bomoi, ekokola solo.

Ezali lolenge moko na bato. Soki nkona na bomoi oyo epesama na Nzambe ekufi mpenza, ekokoka te kosekwa, mpe ezalaki na tina moko te mpona Nzambe kobongisa Yesu Christu mpona Lobiko na bato to kosala Lola to lifelo.

Kasi, nkona na bomoi oyo epesamelaki moto tango Nzambe Apemaki pema na bomoi kati na ye ezali libela. Tango, boyambi Sango Malamu, nkona na bomoi ekozongela bomoi; Na monene na solo kati na motema na bino, na pete mpe bokokoka kondima Sango Malamu.Nani nani akondima Yesu Christu akoyamba Molimo Mosantu.Na ngonga oyo nkona na bomoi kati na mitema na bino ekosangana na Molimo Mosantu.

Na loboko mosusu, bato na mitema mibeba lokola na ebende na moto bazali na bisika te mpona Sango Malamu ekota mpo ete motema na lokuta ezali mpenza kozipa mpe kokanga nkona na bomoi kati na mitema na bango. Nkona na bomoi oyo ezalaki na lolenge na kufa ezwaki makasi mpona kosala mosala na yango tango esanganaki na nguya makasi na Nzambe, Molimo Mosantu.

Kokoma Moto na Molimo

Na lolenge bokokota mayangani, bososoli Liloba na Nzambe, mpe bokobondela, ngolu mpe nguya makasi na Nzambe ekokitela bino mpe ekopesa bino makoki ya kolanda lolenge na Molimo Mosantu.

Na nzela oyo, motema mpe molimo na bino ekokoma moko lolenge motema na bino ekokoma bosolo koleka, na kolongolaka lokuta kati na yango mpe na kotondisaka yango na boyebi na molimo mpe solo, motema oyo ezali molimo lolenge moto nay ambo Adamu azalaki.

Ata soki bomonani molende, bokosala kolandana na nature na bino soki bokobondelaka te. Molimo Mosantu kati na bino Akokoka te kobota molimo mpe bokozala kaka bato na mosuni. Lisusu, bokokoka te kolanda lolenge na Molimo Mosantu soki bokweyisi makanisi na bino moko mpe komilongisa te, ata soki bobondelaka mingi mpe na tango molayi. Bongo, bokokoka te kombongwana na moto na molimo.

Molimo Mosantu Amemaka bino na kokanisa bosolo kati na mitema na bino. Yango ezali ete, bokobika kolandana na posa na Molimo Mosantu. Lolenge moko, Satana akomeka bino mpo ete bolanda makanisi na mosuni, na lolenge bokozala na lokuta kati na mitema na bino.

Na yango, bosengeli kokabwana na makanisi na mosuni mpe boyebi mingi lolenge elobami na 2 Bakolinti 10:5, "Tozali koweisa maloba mpe bisika milayi nioso mizali kotelemela boyebi na Nzambe."

Tango bokotosa Liloba na Nzambe oyo elobi ete, "Iyo" mpe bolandi posa na Molimo Mosantu, motema na bino ekoki kotondisama kaka na solo, mpe bokoki kokoma moto oyo asantisami na molimo.

Bokoki kozwa nioso bokosenga

Bokokoma moko na Nkolo tango bokobwakisa lokuta nioso, bokobuka "boyebi mingi" na kobota molimo kati na Molimo Mosantu, mpe bokokomisa mitema na bino peto lolenge na motema na Nkolo na bino Yesu Christu.

Muasi na mobali bakokoma mosuni moko mpe bakobota mwana na lisanga na main a mobali mpe maki na muasi. Na boye, tango bokobima na mokili mpe bokokoma moko na Yesu Christu, mobali na bino na libala, na kondimela Ye, bokobota molimo elongo na Molimo Mosantu mpe bokozwa mapamboli mingi ya kozala mwana na Nzambe.

Lolenge elobama na Baloma 12:3, ezali na bitape kati na kondima, mpe bokozwa biyano kolandana na bitape wana. Na

Yoane 2:21 mpe oyo elandi, kokola na kondima ekokisami na bokoli na moto. Ba oyo bandimeli Yesu Christu, bayambi Molimo Mosantu, mpe babikisami, bazali na kondima ya bana mike (1 Yoane 2:12). Baye bakomekaka kosalela solo bazali na bondimi ya bana (1 Yoane 2:13). Tango bakokola kolela, mpe bakotia mpenza solo na misala, bazali na kondima na bilenge (1 Yoane 2:13).

Tango bokotanga likolo na Yobo na boyokani na kala, Nzambe Andimaki ye lokola moyengebene mpe solo kasi tango Satana atelemelaki ye, Nzambe Andimaki ete Satana ameka Yobo. Na liboso, Yobo akobaki na koloba ete azalaki sembo. Na sima ayaki kososola mabe na ye mpe atubelaki liboso na Nkolo tango mabe kati na ye etalisamaki na momekano. Bosembo na koyeba mingi na Yobo ekweyaki, mpe motema na ye ekomaki sembo mpe petwa na miso na Nzambe. Kaka wawa nde Nzambe Akokaki kopambola ye na mbala mibale.

Lolenge moko, soki bozwi kondima na batata, oyo ezali kondima likolo na bondimi nioso na kobukaka boyebi mingi na bino moko mpe na kokoma moko na Nkolo, bokoki kozwa mapamboli mingi lokola bana na Nzambe. Oyo nde Nzambe Alakaka bino na 1 Yoane 3:21-22: "Balingami soko mitema na biso mikokweisaka biso te, tozali na molende liboso na Nzambe mpe soko tokosenga eloko nini, tokozwa yango epai na Ye mpo ete tokokokisa malako na Ye. Mpe tokosala makambo mazali malamu na miso na Ye.

Okoki kosepela mapamboli lokola muana na Nzambe

Na lolenge oyo bokokoma moko na Yesu Christu na lolenge bokokoma baton a molimo. Bokozwa mpe lipamboli ya kokoma moko na Nzambe na lolenge bozali kokokisa bosembo na Nzambe.

Yesu Alaka bino na Yoane 15:7 ete "Soki bokoumela kati na ngai mpe maloba ma ngai makoumela kati na bino, bosenga likambo nini lilingo bino mpe likosalemela bino." Lisusu, na Yoane 17:21, Ayebisi biso ete, "Ete yonso bazala moko, lolenge Yo, Tata, Ozali kati na Ngai mpe Ngai kati na Yo ete bango mpe bazala kati na Biso, na ntina ete bamokili bandima ete Yo Otindaki Ngai."

Na boye, soki bosangana na Nkolo na kobimaka libanda na mokili oyo oyo ekonzami na nguya na molini na zabolo, bokokoma moko na Tata na bino Nzambe. Na oyo, Bagalatia 4:4-7 etangi boye:

Nde awa esili elaka kokoka solo, Nzambe Atindaki Muana na Ye, Oyo, Abotamaki na muasi oyo Abotamaki na nse na Mibeko ete Asikola bango bazali na nse na mibeko, ete tokamata lokumu na bana. Mpo ete bino bozali bana, Nzambe atindi molimo na Muana na Ye kati na mitema na biso, konganga ete, Aba! Tata!

Bongo ozali moumbu te kasi muana. Soko muana, mosangoli na libula mpo na Nzambe..

Lolenge bato bazwaka nkita na baboti na bango, bozwaka bokonzi na Nzambe tango okomi mwana na Ye na kondimela Yesu Christu. Yango ezali ete, bana na zabolo bakozwa lifelo na zabolo, mpe bana na Nzambe bakozwa Lola na Nzambe.

Kasi, bosengeli na bino koyeba ete baye bakobotaka molimo na lisungi na Molimo Mosantu te, basengeli kokende na lifelo mpo ete Lola ezali bisika oyo epetolama mpe etondisama kaka na solo, nde na lolenge molimo na bino ekofuluka mpe ekomi moko na Nzambe, bokozwa nkembo ya kobika pembeni na Nzambe na Lola.

Bongo nakolikya ete bokozwa lipamboli ya bomoi na seko na kondimelaka YesuChristu mobali na bino na libala mpe bokoma moko na Nkolo Yesu na Tata Nzambe na kobwakisaka lokuta nioso mpe na kolongolaka komipesa reson. Na lolenge oyo, bokoki kopesa nkembo nioso na Nzambe.

2. Litatoli ya solo te ekomemaka na Lobiko te

Yesu Christu akomi mobali na bino ya solo na libala oyo Azali kokamba bino na nzela na bomoi na seko mpe mapamboli tango bosangani na Ye na nzela na kondima.Soki bokokani na motema na Yesu Christu mobali na bino na libala mpe bokomi na bondimi yakokoka, bokozwa kaka bokonzi na lola te kasi bokonngenga kuna lokola moi.

Tango bokotanga Biblia na bokebi, bokomona ete bato misusu oyo bakolobaka ete bandimela Nzambe babikisama te. Na Matai 25, ezali na lisese ya basi miseka zomi. Miseka mitano ba oyo babongisaki mafuta na bango babikaki, kasi ba mitano misusu bazangi bwanya, bakokaki kobika te.

Na boye, Nzambe Alobeli bino malamu kati na Biblia nani akoki mpenani akoki te kobikisama, ata bangon nioso bakolobaka ete bazali na kondima. Bokoyeba bomoi ya lolenge nini bosengeli kobika pona kobikisama..

Elobi malamu na Matai 7:21, "Moto na moto oyo akolobaka na Ngai, Nkolo! Nkolo! Akoingela kati na bokonzi na likolo te kasi ye oyo akosalaka mokano na Tata na Ngai oyo Azali na Likolo nde akoingela."Soki bozali kobenga Yesu 'Nkolo,'Nkolo,' elakisi ete bondimi ete Yesu Azali Christu. Kasi, bokoki kobikisama te kaka na kobelelaka Nkolo mpe kokende ndako na Nzambe na eyenga nioso.

Basali Mabe Bakoki Kobikisama Te

Nzambe Alobeli bino likolo na esambiseli na Matai 13:40-42:

Lokola balokoti matiti mabe mpe bazikisi yango, ekozala bongo na suka na ekeke. Mwana na moto Akotinda banje na Ye bakolokota kati na bokonzi na Ye makambo nioso makoyokisa soni mpe nioso makosalaka mabe.mpe bakobwaka bango kati na litumbu na moto; bisika wana kolela mpe koswa mino ekozala.

Tango moloni akobuka, akosangisa masango na bisika na yango, kasi akozikisa matiti mabe na moto. Na lolenge moko, Nzambe Azali koyebisa bino ete ba oyo bakoki ten a miso na Nzambe basengeli kokutana na etumbu.

"Babetisi mabaku nioso" etalisi baye nioso oyo bakolobaka ete bandimela Nzambe, kasi bazali komeka bandeko mibali mpe ya basi kati na kondima mpe bakomemaka bango na kobungisa kondima na bango. Bongo, bokobikisama te soki bozali komeka bato na kosumuka mpe kosala mabe.

Mabe ezali nini? 1 Yoane 3:4 etangi boye, "Moto na moto oyo akosalaka masumu akosopaka mibeko; masumu ezali bosopi na mibeko."

Kaka lolenge mboka nioso ezalaka na mibeko na yango, ezali na mibeko na molimo na bokonzi na Nzambe mpe lokola. Mobeko na mokili na molimo ezali Liloba na Nzambe oyo ekomama na Biblia.Nani nani oyo akobuka mobeko na Nzambe azwi etumbu na lolenge moto nioso oyo abuki mibeko akozwa etumbu kolandana na mibeko. Na yango, kobuka Liloba na

Nzambe ezali mabe mpe lisumu.

Liloba na Nzambe ekoki kokabolama na biteni minei: "Sala." "kosala te,""batela", mpe "longola." Wuta Nzambe Azali pole, Alobeli bana na Ye basala oyo ezali malamu, basal ate oyo ezali mabe, babatela mosala na bana na Nzambe, mpe balongola oyo Nzambe alingi te mpo ete Alingi bana na Ye babika na pole.

Na Dutelonome 10:12-13 Nzambe Asengi na biso,"Sasaipi mpe, E Yisalele, Yawe Nzambe nay o aliki nini epai nay o soko ezali oyo te ete omemisa Yawe Nzambe nay o mpe otambola na nzela na Ye nioso mpe olinga Ye mpe osalela Yawe Nzambe na yo mobimba, mpe otosa malako mpe mibeko na Yawe oyo alakeli ngai yo lelo mpo na malamu na yo?"

Galatia 5:19-21 etalisi misala na mosuni:

Misala na nzoto imonani polele, yango oyo: ekobo, makambo na bosoto,pite, kosambela bikeko, ndoki, nkaka, kowelana, zua, nkanda, kolulela, kokabwana, koponapona,, koboma bato, kolangwa masanga, bilambo na lokoso mpe makambo na motindo yango. Nazali kokebisa bino lokola ekebisaki ngai bino liboso ete baoyo bakosalaka makambo yango bakosangola bokonzi na Nzambe te.

"Ekobo" elakisi bosoto nioso ya bosangisi nzoto mpe kotikala petwa te, esangisi kosangisa nzoto liboso na libala. "Makambo na bosoto" awa elakisi makambo na mbilinga mbilinga oyo elekelakamayelena moto yango ewuti na masumu ya makila.

"Pite" ezali tango okolanda tango nioso masumu, ya kindumba mpe okobika na maloba mpe misala ya ekobo. "Kosambela bikeko" ezali kosambela biloko misalemi na wolo, palata, bronze, to misusu, to tango okolinga eloko koleka Nzambe.

"Ndoki" ezali kokanga moto kati na mozindo na lokuta. "Nkaka" ezali kozala na posa na kobebisa basusu na bozangi koyokana, etelemelaka bolingo. "Kowelana" ezali mosala ya kobunda mpo na koluka lifuti na moto ye moko mpe mpifo. "Zua" elakisi koyina moto mpo ete bomoni ete aleki bino.. "Nkanda makasi" elakisi kaka kozala na nkanda te, kasi kosala bato mabe mpona nkanda makasi.

"Koponapona" elakisi kobimisa mangomba mpe kolandaka misala na Satana mpo ete boyokani na basusu ezala te. "Kokabwana" ezali kopona na kolandaka makanisi na bino moko, kasi oyo ya Molimo Mosantu te. "Koboya" ezali kowangana Nzambe Misato mpe Yesu oyo Ayaka na mosuni, Atangisa makila na Ye mpona kosikola bato mpe Akomaka Christu.

"Bilulela" ezali komema to kosala moto mabe likolo na zua. "Kolangwa masanga" ezali mosala ya komela masanga, mpe kozanga komikamba tango okomi bongo, kasi ata mpe kozanga kokokisa mosala na yo ya moboti.

Lisusu, "Makambo na lolenge wana" elakisi ete ezali na misala mingi ya masumu oyo mikokani na yango, mpe baye bakosalaka makambo wana bakobikisama te.

Masumu oyo makomemaka na kufa mpe oyo ekomema kufa te

Kati na mokili oyo, lisumu ebengami lisumu tango misala na yango mimonani na pwasa mpe mbabe na yango epai na moto mosusu ekoki kotalisama. Kasi, Nzambe, oyo Azali Pole, Alobeli biso ete kaka misala na masumu te kasi lisusu molili nioso oyo ekotelemela pole ezali lisumu.

Ata soki milakisami to mimonani te, ba posa nioso ya masumu kati na motema lokola koyina, likunia, zua, bilulela, kokanisela mabe, kokatela basusu mabe, bozagi mawa, mpe makanisi ya lokuta, mizali mabe mpe masumu.

Tala tina Nzambe Ayebisi biso ete, "Nde ngai nazali koloba na bibo ete ye oyo akotala muasi na mposa mabe na ye, asili kosala na ye ekobo na motema na ye." Moto na moto oyo akoyina ndeko na ye azali mobomi na bato, mpe toyebi ete moto na moto oyo akobomaka bato azali na bomoi na seko kati na ye te." (1 Yoane 3:15). Na kobakisa, Baloma 14:23 elobi ete, "Kasi ye oyo akoliaka nde akobetaka ntembe, ye asili kokweya mpo ye azali kolia nakondima te." Mpe Yacobo 4:17 etangi ete "Na bongo, ye oyo ayebi kosala malamu nde akosalaka boye te, ezali na ye lisumu." Bongo bosengeli kososola ete ezali lisumu mpe kobuka mibeko na kosalaka te oyo Nzambe alingi mpe Apesi lokola mibeko.

Kasi,, bongo bato nioso bakokufa soki basali masumu mina? Bosengeli kososola ete ezali kobika na kondima soki moto ameseneke na lokuta akobondela mpe komeka kozala moto na solo.Ata soki basili naino kolongola nioso ya lokuta kati na mitema na bango te mpona kondima na bango makasi te, ezali solo te ete bakobikisama te mpona lisumu oyo.

1 Yoane 5:16-17 elobeli biso ete, " 1 Yoane 5:16-17 elobeli biso ete, "Soko moto nani amoni ndeko na ye kosala lisumu lizali lisumu na kufa te, abondela mpe Akopesa ye bomoi, na bango bazali kosala lisumu na kufa te Lisumu na kufa ezali; nalobi te ete asenga mpona yango. Bokesene nioso ezali lisumu, nde lisumu lizangi kufa lizali mpe.

Masumu ekabolami na biteni mibale: oyo omemaka na kufa mpe mosusu ekomemaka na kufa te. Ba oyo bakosala masumu ememaka na kufa te bakoki kobikisama soki bopesi bango makasi, bokobondela mpo na bango, mpe bokosunga bango batubela masumu na bango. Kasi, soki moto akosala lisumu ememaka na kufa akoki kobikisama te, ata soki bokobondela pona ye.

Bato bamonaka ete lokuta mpona komilongisa tango mosusu ezalaka sembo, to bakosalaka makambo mingi ya lokuta ata soki ezali kosala basusu mabe te. Baye kososola ete bozalaki basumuki tango bososolaki solo, ata soki bozalaki na makanisi ete bobikaki bomoi na sembo liboso na kondimela Nzambe. Nzambe Atalisi bino kaka masumu oyo ekoki komonana te kasi ata makanisi mabe kati na mitema na bino, nioso oyo ezali masumu.

Mabe nioso ezali masumu mpe lifuti na masumu ezali kufa. Kasi, Yesu Christu Alimbisaki masumu na bino nioso eleka, ya lelo, mpe ya kkoya, na kotangisaka makila ma Ye na ekulusu. Ezali na masumu oyo ekoki kolimbisama na nguya na makila ma Yesu tango botubeli mpe bolongwe na yango. Yango ezali masumu mamemaka na kufa te.

Soki bokotubela te mpe bokokoba na kosumuka, motema na bino ekokoma makasi. Bongo, suka suka, bokokoka te kozwa molimo na tubela soki bosali lisumu ememaka na kufa. Nde, masumu na bino makokoka te kolimbisama ata soki bokomeka kotubela.

Sik'awa, tika totala masumu misato oyo ememaka na kufa: kotuka MolimoMosantu, kozongisa mwana na Nzambe na soni na ekulusu mbala na mbala, mpe kokobaka na kosumuka na nko.

Kotuka Molimo Mosantu

Ezali na makambo misato na kotuka Molimo Mosantu. Bokotuka Molimo Mosantu tango bolobi mabe likolo na Molimo Mosantu, tango bokotelemela misala naMolimo

Mosantu, to tango boyokisi Molimo Mosantu soni.

Bongo nazali koloba na bino ete, bato bakolimbisama masumu nioso mpe kotuka nioso, nde lituki kotuka Molimo na bulee bakolimbisama yango te. Ye nani akoloba liloba kotelemela Mwana na Moto akolimbisa, ma yango. Nde ye nani akoloba liloba kotelemela Molimo Mosantu akolimbisama te, soko na ntango oyo soko na ntango ekoya. (Matai 12:31-32).

Mpo na moto na moto akoloba mabe likolo na Mwana na Moto, ekolimbisamela ye; nde mpo na oyo akotuka Molimo Mosantu ekolimbisamela ye te. (Luka 12:10).

Yambo, "Koloba mabe na baninga" ezali kokosela bango mpe kobebisa misala na bango. "Koloba mabe na Molimo Mosantu" ezali komeka kotelemela kokokisamana na bokonzi na Nzambe na kotelemelaka misala na Molimo Mosantu na posa mpe makanisi na moto moko. Ndakisa, ezali koloba mabe na Molimo Mosantu tango botelemeli misala na Nzambe mpo ete ekokani na makanisi na bino te ata soki yango ezali misala na Molimo Mosantu.

Ya solo, bosengeli kokebisa mpenza bato mpe bondima misala na bango te soki bazali komeka koyambisa basusu milimo mabe to bazali mpenza kobeta tembe na miso na Nzambe. Tito 3:10 etangi, "Mpona moto azali kobeta tembe opamela ye mbala moko to mibale, na nsima otika ye." Lelo bato mingi bazali kokatela mangomba misusu lokola ya tembe to konyokola bango nab a lolenge mingi, miye mizali kondimela Nzambe Misato mpe mitambwisami na misala na Molimo Mosantu, mpo ete bato ya lolenge yango bakoki te kososola kati na milimo. Ata soki bakobeta tolo ete bandimela Nzambe, bazali na boyebi ya kokoka ten a Biblia mpona makambo matali tembe. Tango mosusu bayebi at ate nini tembe ezali.

Na likambo ya konyokola basusu mpona kozanga boyebi esengeli, soki bato bakotubela mpe bakolongwa na yango, bakoki kolimbisama. Kasi, soki bakobebisa mosala na Nzambe na misala mabe mpe zua ata soki bayebi ete ezali misala na Molimo Mosantu, bakokoka te kolimbisama.

Bokoki komona ndakisa na yango kati na Bilbia. Na Malako 3, tango Yesu Asalaki bilembo mpe bikamwa, ba oyo bazalaki na zua mpo na Ye bapanzaki sango ete Azalaki liboma. Sanzo epanzanaki mosika tii libota na Ye ewutaki mosika mpona kokamata Ye kati na etuluku.

Balakisi na mibeko mpe ba falisai batukaki Yesu, nakolobaka ete, "Bakomeli bauti na Yelusaleme balobi ete, 'Akangami na Belezebula,' mpe Azali kobengana milimo mabe na nguya na mokonzi na milimo mabe'" (Malako 3:222). Bazalaki na boyebi malamu na Liloba na Nzambe. Bayebaki mobeko malamu mpe bazalaki kolakisa yango na bato kasi batelemelaki mosala na Nzambe mpona zua na bango mpe likunia na Yesu.

Mibale, "kotelemela mosala na Molimo Mosantu" ezali koboya mongongo na Molimo Mosantu oyo Nzambe Apesa, to kosambisa mpe kokatela mabe misala na Molimo Mosantu mpe komeka kosala basusu mabe.

Ndakisa, ezali koloba mabe mpo na Molimo Mosantu tango opanzisango lokuta to mikanda ya lokuta, to kokatela mabe Pasteur to lingomba lokola "ttembe" bisika misala na Molimo Mosantu etalisami mpona kobebisa mayangani to kosangana na bango.

Bongo, nini elakisi "Nani akoloba mabe mpona Muana na Moto, ekolimbisamela ye"? "Muana na Moto na eteni oyo elakisi Yesu oyo Ayaka lokola moto liboso na ye kobakama na ekulusu.

Koloba mabe likolo na Muana na Moto elakisi koboya kotosa Yesu, na koyebaka Ye lokola moto nioso mpo ete Ayaka na mosuni. Kozanga kososola Yesu lokola Mobikisi ezali bozangi koyeba. Na likambo oyo, bokolimbisama mpe bokoki kobikisama kaka soki bokotubela mpenza mpe bokoyamba Nkolo. Bongo, soki bokosala lisumu oyo na kozanga koyeba solo to kliboso na bino koyamba Molimo Mosantu, Nzambe Akopesa bino libaku malamu ya kotubela mpe ya kolimbisama na tango na tango.

Kasi soki bokoboya kotosa mpe bokotelemela Nkolo na

koyebaka malamu nani Yesu Christu Azali, bosengeli kososola ete bokokoka te kolimbisama mpona yango mpo ete ezali lolenge moko na koloba mabe likolo na Molimo Mosantu mpe kotelemela misala na Ye.

Misato, kotuka ezali mpe kokitisa makambo oyo ya bo nzambe, mosantu mpe epetolama. Kotuka Molimo Mosantu mpe alakisi Koyokisa Molimo Mosantu soni, Molimo na Nzambe mpe bo Nzambe na Nzambe, ezali lisumu ya kokitisa nguya na Nzambe ezanga suka mpe bo Nzambe soki bokoloba mabe mpona misala na Molimo Mosantu, nakolobaka ete

Na mikolo na kala, soki bakangaki moto na maloba na ye to misala na kotelemela mokonzi, ezalaki trahizon mpe bakoboma ye.

Soki bokotuka bo Nzambe Esantu na Nzambe, oyo Azali na nguya nioso mpe Akoki te kokokanisama na mokonzi moko ten a mokili oyo, bokoki te kolimbisama.

Ata Yesu oyo Azalaki Lolenge moko na Nzambe mpe Ayaka na mokili oyo na mosuni akatelaka moto moko mabe te. Soki bozali kokoba na kokatela mabe ndeko mobali to muasi, mpe lisusu kokitisa misala na Molimo Mosantu, boni yango lisumu monene! Soki bokotelemana kobanga Nzambe, bokoki te kotelemela, to koloba mabe, to kokitisa Molimo Mosantu.

Bongo, bosengeli kososola ete masomu oyo mikoki te kolimbisama na tango oyo to na ekeke ekoya mpe bosengeli te kosala yango. Ata soki bosalaki masumu mango liboso, bosengeli koluka ngolu na Nzambe mpe botubela na mitema nioso.

Komema Muana na Nzambe na soni ya polele

Ekomema bino na kufa ya kobaka lisusu Muana na Nzambe na ekulusu mpe komema Ye na soni ya polele, lolenge etalisami na buku na Baebele 6.

Pamba te mpona bango basili kongengelama pole mpe koleta likabo na likolo mpe kosangana na Molimo Mosantu, bayoki elengi na Liloba na Nzambe mpe nguya na ekeke ekoya; soko na sima basili kopengwa, njela na kobongola bango lisusu na motema ezali te, mpo ete bazali kobakisa Muana na Nzambe na ekulusu bango mpenza, mpe bazali kotiola Ye.(Baebele 6:4-6).

Bato misusu bakolongwa egelesia na Nzambe mpona mimekano na mokili oyo mpe bakokweya na koyokisa Nzambe soni monene ata soki baymbaka Molimo Mosantu, bayebi ete ezali na Lola mpe lifelo, mpe bandimaka Lilona na solo. Tolobaka ete bakosala lisumu ya kobakisa Muana na Nzambe lisusu mpe lisusu mpe kobimisa Ye na soni ya polele. Bato ya lolenge oyo bakosalaka kaka masumu ebele oyo mikambami na Satana, kasi lisusu bakowangana Nzambe mpe bakonyokola mpe koyokisa egelesia mpe bandimi soni.

Basi bapesa conscience na Satana, bongo mitema na bango etondisama na molili.

Bongo, bakoluka ata kotubela te, mpe molimo na tubela ekokitela bango te. Bazali na libaku malamu moko te ya kotubela nde bakoki kolimbisama soko moke te.

Yudasi Iscaliote asalaki lisumu oyo.. Azalaki moko na bayekoli zomi na mibale na Yesu. Amonaki bilembo na bikamwa ebele, kasi akomaki moyimi mpe atekaki Yesu mpona palata ntuku misato. Na sima, conscience na ye ezikaki mpe atondisamaki na komilela, kasi molimo na tubela eyelaki Yudasi te. Lisumu na ye akokaki kolimbisama te, mpe suka suka amibomaki mpo ete atungisamaki mingi na likambo mabe asalaki. (Matai 27:3-5).

Kokobaka na kosumuka na nko

Lisumu ya suka ekomemaka na kufa ezali kokoba na kosumuka na nko na simana bino kozwa malakisi na solo.

Pamba te soko tokosalaka masumu na nko nsima na kozwa boyebi na solo, mbeka mpo na masumu ezali lisusu te. Etikalibobele kotalela esambiseli na somo mpe moto na nkanda oyo akozikisa batelemeli. (Baebele 10:26-27).

Kokoba na kosumukaka na nko sima na kozwa boyebi na

solo" elakisi ete kobandela makambo ezali na mibeko te makambo oyo Nzambe Alimbisaka te. Lisusu, elakisi kokoba na kosumuka, na koyeba ete ezali lisumu, lokola "Ekweyeli bango lokola lisese na solo lilobi ete, Imbwa asili kozongela bisanza na ye,' mpe, 'Ngulu asukoli mai mpe akei kolala na poto poto'" (2 Petelo 2:22).

Na loboko mosusu, tango Dawidi, oyo Alingaki Nzambe mingi penza, asalaki ekobo, ebotaki masumu mingi mpe ememaki ye na koboma moko na basoda na ye ya mpiko. Kasi,na tango Nata mosakoli atalisaki lisumu na ye, Mokonzi Dawidi atubelaki mbala moko.

Na loboko mosusu, Mokonzi Saulo akobaki na kosumuka ata na sima na Samuele mosakoli atalisaki masumu na ye. Dawidi atubelaki mpe azwaki lipamboli na Nzambe, tango Saulo abwakamaki mpo ete atubelaki te mpe akobaki na kosumuka.

Lisusu, Balama azalaki mosakoli oyo azalaki na nguya ya kopambola mpe kolakela mabe, kasi tango asanganaki na mokili oyo mpo na kozwa nkita na lokumu, akomaki na suka na mawa.

Na loboko moko, Molimo Mosantu kati na mitema na baye basali masumu na nko Akobungisa nguya mpo ete Nzambe Abaloleli bango mokongo. Bongo bakobungisa kondima na bango mpe bakosala mabe mpe misala mabe oyo ekambami na zabolo. Suka suka, Molimo Mosantu kati na bango Ikolimwa, mpe bakokoka te kobikisama mpo ete bakoki te kotubela mpe ba kombo na bango ekolongolama na buku na bomoi (Emoniseli

3:5).

Na loboko mosusu, ezali bato oyo bakobaka na kosumuka mpo ete bayebaka Nzambe kaka na boyebi kasi bakondimela Ye kati na mitema na bango te. Masumu na bango makoki kolimbisama mpe bakoki kotambwisama na nzela na Lobiko tango batubeli solo na motema nioso, mpe bazali na kondima ya solo.

Bongo, bosengeli koyeba ete bokobikisama te tango bazali kosumuka na nko na komemaka misala na mosuni ata soki bosi bozwaka pole, bondimaka ete Lola na lifelo ezali, mpe bomona mingi na ngolu na Nzambe.

Nakolikia mpe lisusu ete bokososola mpenza ete masumu nioso ezali kobuka mibeko mpe molili mpe Nzabe Ayinaka mango ata soki misusu mikomemaka na kufa te. Boye zala mondimi na bwanya oyo akopesa nzela na, to kosala lisumu moko te.

3. Nzoto mpe makila na mwana na Moto

Mpo na kobatela nzoto malamu, bosengeli kolia bilei mpe komela. Na lolenge mpoko, mpona kobatela nzoto na molimo na bino mpe bozwa bomoi na seko, bosengeli kolia mosuni mpe komela makila na mwana na Moto.

Sik'awa, bokoyekola nini mosuni mpe makila na Muana na moto mizali, mpe tina nini bosengeli kolia mosuni mpe komela makila mpo na kozwa bomoi na seko, kolandana na makomi oyo; Yoane 6:53-55:

Bongo Yesu alobi na bango ete, Solo solo nazali koloba na bino ete soko bokolia mosuni na Muana na Moto te mpe bokomela makila na Ye te, bokozala na bomoi kati na bino mpenza te. Ye oyo akolia mosuni na ngai mpe akomela makila na ngai azali na bomoi na seko mpe ngai nakosekwisa ye na mokolo ya suka. Mpo ete mosuni na ngai ezali bilei ya solo mpe makila ma ngai ezali bimeli ya solo."

Nini Mosuni ya Muana na Moto ezali?

Yesu Alobeli bino kati na Biblia mabombami na lola mpe Mokano na Nzambe na masese mingi. Mpona bato bazali kobika na mokili oyo ya dimension misato, ezali pasi mingi mpona kososola mpe koyeba mokano na Nzambe, oyo Azalaka na dimension ya minei mpe likolo. Bongo, Yesu akokisaki biloko na Lola na makambo mizangi bomoi, ba nzete, ba nyama mpe bomoi na mokili oyo mpona kosunga bison a bososoli malamu na mokano na Nzambe.

Tala tina Yesu Muana se moko na likinda na Nzambe Akokisami na libanga to monzoto, biye bizali na dimension te, na vigno oyo ezali ya dimension moko, mpate oyo azali ya dimension mibale, mpe Muana na Moto oyo azali na dimension misato.

Yesu abengami Muana na Moto, nde mosuni na muana na Moto ezali mosuni na Yesu.

Yoane 1:1 elobeli biso ete, "Na ezalaki Liloba, mpe Liloba Azalaki na Nzambe, mpe Liloba Azalaki Nzambe." Yoane 1:14 etalisi "Mpe Liloba Akomaki mosuni, mpe Abikaki kati na biso, mpe tomonaki Nkembo na Ye, nkembo lokola mwana oyo abotami lokola mwana na Likinda longwa na Tata; Atondi na ngolu mpe na solo."

Yesu Azali ye oyo ayaka na mokili oyo na mosuni lokola Liloba na Nzambe. Bongo, mosuni na Muana na Moto ezali Liloba na Nzambe, oyo ezali solo mpenza, mpe kolia mosuni na muana na Moto ezali koyekola Liloba na Nzambe kati na Biblia.

Lolenge kani Kolia Mosuni na Muana na Moto

Na Esode 12:5 mpe makomi elandi, Yesu atalisami lokola "Mpate":

Mwana na mpate na bino akozala na mwa libebi te,,mobali na mbula moko.Bokokamata yango kati na mpate to na kati na ntaba. Bokobatela yango kino mokolo na zomi na minei na zanza oyo, bongo koyangana mobimba na lingomba na Yisalele bokoboma bana na mpate na bango na mpokwa. Na nsima bakokamata ndambo na makila mpe bakotia yango na makonzi mibale na monoko na ndako mpe na likolo na monoko na ndako wana ekolia bango yango.

Mingi mingi, bandimi mingi bakanisaka ete mpate ezali baye bandimeli sika, kasi soki botangi Biblia na kokeba, mpate ezali elembo na Yesu.

Yoane Mobatisi, nakotalaka Yesu oyo Azalaki koya epai na ye, alobaki na Yoane 1:29 ete, "Tala Mpate na Nzambe akolongola masumu ma mokili!" mpe Petelo ntoma atalisi Yesu lokola mpate na 1 Petelo 1:18-19, nakolobaka ete, "Boyebi ete bosili kosikolama kati na bizaleli na bino na mpamba bilongwi na bandeko, na biloko bikobeba lokola wolo na palata te, kasi bosili kosikolama na makila ma Yesu Christo maleki nioso na motuya, lokola makila na mwana na mpate na mpota te mpe na litona te." Kaka aw ate bisika mingi ekokanisi Yesu na mpate.

Pona nini Biblia ekokanisi Yesu na mpate? Mpate azali ebwele oyo ya kimia mpe ya kotosa na koleka. Eyebaka mongongo na mobateli na yango mpe etosaka. Moko te akoki kokosa mpate ata soki bato bakomeka komekola mobateli na ye. Epesaka suki ya mpembe mpe ya malamu, miliki, nyama mpe eteni nioso na nzoto na yango epai na bato.

Lolenge moko mpate akabaka nioso mpona bato, Yesu Atosaka Mokano na Nzambe nakokoka mpe Apesaka nioso mpo na biso. Yesu Ayaka na mokili oyo na mosuni ata soki Azali mpenza lolenge na Nzambe, Ateyaka Sango Malamu na Lola, Abikisa bikono mpe bakakatani mingi, mpe abakamaki na ekulusu. Yesu Apesa nioso mpo na kosikola bino na masumu na bino. Yesu Akokisami na mpate mpo ete bizaleli mpe misala na Ye ekokani na mpate na kimia, mpe kolia mpate elakisi kolia mosuni na Yesu, mingi mosuni na Muana na Moto.

Lolenge nini bosengeli kolia mosuni na muana na Moto? Tika totala Esode 12:9-10 oyo epesi mitindo oyo:

"Bokolia yango mobesu te mpe elambami na mai te, kasi bobele etumbami na moto mpe na motO na yango mpe makolo na yango mpe misopo na yango elongo. Bokotika soko moko na yango kino tongo te.Soko ndambo na yango ekotikala kino tongo bokozikisa yango na moto.."

Yambo, bosengeli te kolia Liloba na Nzambe mobesu

Nini elakisi kolia mosuni na Muana na Moto "Mobesu"? Na momesano, ezalaka malamu te ya kolia mosuni mobesu. Soki bokolia mosuni mobesu, bokoki kozwa virus to bokonompe bokobela.. Na lolenge moko, Nzambe Ayebisi bino ete bolia Liloba na Nzambe mobesu te mpo ete esalaka mabe.

Liloba na Nzambe ekomama na lisungi na Molimo Mosantu, nde bosengeli kotanga yango mpe bokomisa yango bilei na bino na lisungi na Molimo Mosantu.

Boni soki bolimboli Liloba na Nzambe na bonzoto? Bokososola te nini makanisi na Nzambe Ezali. Bongo, kolia Liloba na Nzambe mobesu elakisi kolimbola Biblia na bonzoto.

Lolenge Yone 1:1 elobi "Liloba ezalaki Nzambe," Biblia evandisa motema na Nzambe kati na yango mpe Mokano na Ye mpe nioso ekokisamaka kolandana na Liloba.

Liloba na Nzambe elobeli biso lolenge nini tokoki kokota na Lola. Bosengeli kososola Liloba na Nzambe na mobimba mpo na kozwa bomoi na seko. Na loboko mosusu moto na mosuni akoki te kososola to kozwa mokili na molimo. Ezali lokola cicada oyo ayebi te ete ezali na mapata likolo mpe muana na soso kati na liki oyo ayebi te ete mokili mosusu ezalaka libanda. Ezali lokola muana bebe oyo ayebi eloko moko ten a mokili tango azali kati na libumu na mama na ye.

Lolenge moko, lolenge ozali na mokili oyo ya mosuni, oyebi te likolo na mokili na molimo.

Nzambe Azali koyebisa bino ete ezali na mokili mosusu likolo na mokili oyo ya dimension misato. Kaka lokola muana soso oyo naino abotami te asengeli kobuka poso ya liki na ye, bosengeli mpe kobuka makanisi na bino ya mosuni mpona kososola mpe kokota na mokili na molimo.

Ndakisa, Matai 6:6 etangi, "Nde yo, wana ekobondela yo,

ingela na eteni na yo na ndako mpe kanga ekuke, mpe bondela epai na Tata na yo oyo Azali na nkuku. Mpe Tata nay o oyo Akomonaka na nkuku Akopesa epai na yo." Soki bosengelaki na kolimbola eteni oyo na bonzoto, bosengeli tango nioso kobondela na ndako. Kasi, bokoki te komona tata moko na kondima kobondela kati nab a ndako na bango na nkuku.

Yesu Abondelaka kati na ndako na ye te kasi likolo na ngomba butu mobimba (Luka 6:12), mpe na bisika na ye moko tongo tongo (Malako 1:35).

.Lisusu, Daniele abondelaki mbala misato na mokolo na maninisa mafungwami epai na Yelusalema (Danyele 6:10) mpe ntoma Petelo abondelaki na matolo (Misala 10:9).

Bongo, elakisi nini Yesu Aloba ete, "Kota kati na ndako na yo, mpe kanga ekuke mpe bondela'"?

Awa, "ndako" na molimo elakisi motema na moto. Bongo kokende kati na ndako nay o, elakisi koleka makanisi nay o, mpe kokota na mozindo na motema na yo, kaka lolenge okoleka ndako ya kolia to ya kolala mpo na kokota na ndako ya nkuku. Bongo kaka okokoka kobondela na motema na yo mobimba.

.Tango bokokota na ndako na bino, bokabwaka na libanda. Lolenge moko, tango bokobondela, bosengeli kotelemela makanisi nioso ya pamba, mitungisi mpe mabanzo mpe bobondela na mitema na bino nioso.

Bongo, bosengeli kolia mosuni na Muana na Moto mobesu

te.Bosengeli te kolimbola Liloba na Nzambe na bonzoto, yango ezali ete bosengeli kolimbola Liloba na Nzambe na molimo na lisungi na Molimo Mosantu.

Mibale, bolia te Liloba na Nzambe Elambami na mai

.Nini "Bokolia yango elambami na mai te" elakisi? Elakisi ete tosengeli te kobakisa eloko na Liloba na Nzambe kasi tolia yango petwa.

Ezali malamu te koteya Liloba na Nzambe mpe kosangisa yango na potique, masolo ya nzela, to masese na bato balingama to masapo na baton a kala.

Nzambe oyo Akela Lola mpe mokili mpe akambaka bomoi na moto na kufa, lipamboli na bilakeli mabe, Azali na nguya nioso mpe Azanga eloko moko te.

1 Bakolinti 1:25 elobi, "Mpo ete bolema na Nzambe eleki mayele na bato mpe bolembu na Nzambe eleki mayele na bato."

Oyo ekomama mpona kososolisa bino ete ata moto na mayele ya koleka akoka te ko kokisama na Nzambe.

Bokoki te koteya makambo nioso ezipama na Biblia na bomoi na bino mobimba. Bongo, lolenge kani bokosangisa maloba na bato na oyo ya Nzambe tango bokoteya Liloba?

Maloba na bato mabongwanaka na boleki na tango. Ata soki

ezali na solo kati na yango, misi milobami kati na Bilia, mpe milobamina bwanya na Nzambe.

Bongo, posa na bino ya yambo esengeli kozala Liloba na Nzambe oyo epetolama na kotangisaka Biblia. Ya solo, bokoki kopesa masesese to ba ndakisa mpona komema bato na bososoli Liloba na Nzambe mpe sekele na mokili na molimo na pete.

Misato, bosengeli kolia Liloba na Nzambe etumbama na moto na yango.

Nini elakisi, "Kotumba yango na moto, moto makolo mpe nsopo na yango'"? (Esode 12:9) Elakisi ete bosengeli kokomisa Liloba na Nzambe, mosuni na Muana na Moto, bilei na bino nioso na molimo mpe kotika eloko moko te.

Ndakisa, bato misusu babetaka tembe ete Mose akabolaka mai motane te. Bamosusu kutu bamekaka ata kotanga Lewitiko te mpo ete mbeka na boyokani na kala ezali pasi mpona kososola. Basusu bakolobaka ete bikamwa Yesu Asalaka mizali pasi mpona kondimama mpe mikokaki kaka kosalema mbula 2000 eleki,. Batikaka libanda makambo mingi oyo ekokanaka na makanisi na bato te mpe bakomekaka kaka kozwa toil malamu.

Bamitungisamaka ata te ya kobatela maloba lokola "Linga bayini na yo," to "Boya mabe ya lolenge nioso" mpo ete maloba mana mizali pasi mingi mpo na bango kotosa.Bongo bakokoka kobikisama?

Na yango, bosengeli te kaka kozwa oyo bolingi kati na Biblia lokola bato bazangi mayele. Bosengeli kolia Liloba nioso kati na Biblia etumbama malamu kobanda Genese kino Emoniseli.

Bongo kolia Liloba etumbama na moto elakisaka nini? Moto awa elakisi moto ya Molimo Mosantu.. Bosengeli kotondisama mpe komemana na Molimo Mosantu tango bokotanga mpe koyoka Liloba na Nzambe mpo ete ekomama na MolimoMosantu.Sokote, mikozala kaka boyebi, kasi bilei na molimo te.

Mpona kolia Liloba na Nzambe etumbama na moto, bosengeli kobondela makasi. Mabondeli ezalaka lokola mafuta mpona kotondisama na nguya na Molimo Mosantu. Soki bokolia Liloba na Nzambe na kotondisama na Molimo Mosantu, ekozala sukali koleka mafuta na nzoyi. Bokoyoka mpe nkaka teata soki mateya ezali molayi, mpo ete ezali mpenza motuya mpe bolingaka koyoka Liloba na Nzambe lokola mboloko oyo azali koluka mai.

Yango ezali lolenge nini bokolia Liloba na Nzambe etumbama na moto. Kaka na lolenge oyo bokososola Liloba na Nzambe, bokomisa yango mosuni mpe makila na bino na molimo, bososola mpe bolanda Mokano na Nzambe.

Yango ezali lolenge nini bokobota molimo na Molimo Mosantu, kokolisa kondima na bino, mpe bozengela elinlingi ebunga na Nzambe na kososolaka mosala niso na moto.

Kasi, baye bakoliaka Liloba na Nzambe na makanisi na bango moko na kotumba yango na moto te bakoyoka Liloba na Nzambe nkaka, mpe bakoka kobanza yango te, mpo ete bakoyoka yango na makanisi ya mpamba. Bakokola na molimo te mpe bakozwa bomoi ya solo te.

Minei, bosengeli te kotika Liloba na Nzambe kino tongo

Nini elakisi na kolobaka ete "Bokotika soko moke na yango kino tongo te, soko ndambo na yango ekotikala kino tongo bokozikisa yango na moto."?

Elakisi ete bokolia mosuni na Muana na Moto Liloba na Nzambe kati na butu. Mokili bisika wapi bozali kobika ezali molili mpe ekabami na zabolo, mpe na molimo ekoki kososolama lokola bisika na molimo to tango na molili.

Bongo, "Bokotika eloko moko ten a yango, kino tongo" elakisi ete bosengeli koyekola Liloba na Nzambe mpo na komibongisa lokola basin a libala na Nkolo na biso liboso na bozongi na Ye.

Lisusu, soki bozongi na Nkolo ezali pene pene, bokobika kaka mbula ntuku sambo to mwambe, mpe boyebi te tango nini bokokutana na Nkolo. Kino tango bokokutana na Nkolo, bokokola na molimo na lolenge bozali kolia mosuni mpe komela makila na Muana na Moto. Bongo bosengeli koyekola noki noki mpe bokola na molimo.

Soki bozali na bondimi nab a tata na kokolisaka tango nioso molimo na bino, bokozwa nkembo lokola moi kongala pembeni na ngende na Nzambe na Bokonzi na Ye mpo ete boyebi Nzambe oyo Azala wuta ebandeli, boboti mbuma libwa na Molimo Mosantu mpe bomoto na esengo, mpe bokokana na elilingi na Nzambe.

Komela Makila na Mwana na Moto

Mpona kobatela bomoi, bosengeli kolia bilei mpe komela mai.. Soki bokomelamai te, bilei bikokoka te kokita na libumu te mpe bokokufa. Tango bilei bikeyi na estoma esangani na mai, bikobongolama, vitamin ekokota na nzoto, mpe ya pamba ekosumbama.

"Komela makila na Muana na Moto" ezali kosalela Liloba na

Nzambe na kondima. Na sima na bino koyoka Liloba na Nzambe, ezali motuya mingi bosala ndenge esengi, mpe yango ezali kondima. Soki bozali kosala kolandana na Liloba na Nzambe te sima na koyoka yango mpe koyeba yango, ezali na tin ate boyoka yango.

Lolenge vitamin mikotaka na nzoto mpe pamba ekosumbama tango bilei ekitaka na libumu, Liloba na Nzambe, solo, ekotaka na nzoto mpe solo te ekosumbama tango bokosala kolandana na Liloba na Nzambe pona kopetola mitema na bino mbindo.

Nini "kokotisa solo ezali" mpe "kobimisa bosolo te"? Tika toloba ete boyokaki Liloba na Nzambe oyo Elobi ete, "Boyina te, kasi bolingana bino na bino." Soki bokomisi yango bilei na bino mpe bosaleli yango, vitamin ebengami bolingo ekokota na nzoto mpe pamba ebengami koyina ekosumbama. Motema na bino ekokoma mbala moko petwa mpe ya bosolo mingi na kobimisaka makanisi ya mbindo mpe salite.

Sala kolandana na Liloba na Nzambe na sima ya koyoka yango

Kasi soki bozali kosala kolandana na Liloba na Nzambe te, bozali komela makila na Muana na Moto te. Na yango, Liloba na

Nzambe ezalikaka eteni na boyebi na moto mpe bokoka te kobikisama soki bokosalela yango te.

Komela makila na Muana na Moto, kosalela Liloba na Nzambe, ekoki te kosalema na makasi na bato. Bosengeli kozala na posa mpe makasi ya kosalela Liloba na Ye, mpe na simakozwa ngolu na Nzambe, nguya, mpe lisungi na Molimo Mosantu na kobondelaka mingi.

Soki bokoki kolongola masumu na makoki na bino moko, Yesu Akokaki kobakama na ekulusu te, mpe Nzambe Akokaki kotinda Molimo Mosantu te.

Yesu Christu abakamaka mpo na kolimbisa masumu na bino nioso mpo ete bokoki kosilisa makambo na masumu na bino moko te, mpe Nzambe Atindaki Molimo Mosantu mpona kosunga bino, na kobongola mitema na bino mbindo na motema oyo epetolama.

Molimo Mosantu, Molimo na Nzambe, Asungaka bana na nzambe babika na solo mpe bosembo. Bongo, na lisungi na Molimo Mosantu, bana na Nzambe basengeli kobika kolandana na Liloba na Nzambe na kolongola masumu na bango mpe bayamba bolingo mpe lipamboli na Nzambe.

4. Bolimbisi kaka na kotambola kati na Pole

Koloba ete bozali kolia mosuni mpe komela makila na Muana na Moto, elakisi ete bozali kosala misalana Pole kolandana na Liloba na Nzambe. Bongo elobeli, misala ya lolenge nini? Bosengeli kosalakati na Pole. Botiki misala na molili mpe bokoti kati na Pole kaka na kolia mosuni na Muana na Moto, bokitisi yango, mpe bokomisi mitema solo. Tango bokosalaka na Pole, makila ma Nkolo makopetola masumu na bino ya kala, lelo, mpe ya koya.

Ata soki bozali na masumu oyo naino elongwe te, tango bokotubela epai na Nzambe na motema mobimba, masumu na bino ekoki kolimbisama na ngolu na Nzambe. Baye bandimeli Nzambe mpe bakomeka kokokisa bosembo kati na mitema na bango bazali lisusu basumuki te, mpe bakoki kobikisama mpe kozwa bomoi na seko.

Nzambe Azali Pole

1 Yoane 1:5 elobiete "Oyo mpe ezali nsango esili biso koyoka epai na Ye, mpe ezali biso kosakolela bino ete Nzambe Azali Pole mpemolili ezali kati na Ye soko moke te."

Ntoma Yone oyo akoma 1 Yoane, alakisamaka epai na Yesu Ye moko, oyo Ayaka na mokili oyo mpe Akomaka nzela epai na Nzambe.

Bongo elobeli Yesu na Yoane 1:4-5, "Yango ezalisami kati na Ye ezalaki bomoi, mpe bomoi yango ezalaki Pole na bato. Pole ezali kongenga kati na molili mpe molili ezimisi yango te." Yesu Atatolaka ete, "Nazali nzela, solo, mpe bomoi; moko te akomaka epai na Tata te soko na nzela na ngai" (Yoane 14:6).

Bongo, bayekoli na Yesu bamonaki ete "Nzambe Azali Pole" na nzela na Yesu, mpe sango oyo basakoleli bino ete "Nzambe Azali Pole."

Na Molimo Pole Elakisi Solo

Bongo Pole ezali nini? Na molimo Pole elakisi solo, mpe solo ekeseni na molili. Nzambe Ayebisi bison a Baefese 5:8, "Mpo ete bazalaki molili, sasaipi bozali pole kati na Nkolo; botambola lokola bana na Pole." Ba oyo bazali koyoka sango ya Nzambe Azali Pole mpe bazali koyekola Solo na Nzambe bakoki kongala mpe kongengisa mokili, lolenge pole ebenganaka molili.

Bana na Pole ba oyo batambolaka na solo babotaka mbuma na Pole. Tala tina elobama na Baefese 5:9 ete, "Mpo ete makabo na Pole ezali na bosolo nioso mpe bosembo mpe solo." Bolingo ya molimo oyo elimbolami na 1 Bakolinti 13 mpe mbuma na Molimo Mosantu lokola, bolingo, esengo, kimia, motema petee, boboto, bolamu, kondima, bopolo, mpe komikanga motema.

Bongo, pole elakisi maloba nioso ya solo kati na bolamu, bosembo , mpe bolingo lokola "Bolingana bino na bino, bondela, batela Saba, batela Mibeko Zomi" oyo Nzambe Alobeli bino kati na Biblia.

Na Molimo Molili elakisi masumu

Molili elakisi tango pole ezali te, mpe na molimo elakisi masumu.

Makambo nioso ya lokuta, maye mikesani na solo, ezali makambo mikomami na Baloma 1:28-29, "Balingaki kotosa Nzambe kati na makanisi na bango te. Bongo Ye Atiki bango kati na makanisi na mpamba ete basala makambo na nsoni. Batondi na ndenge nioso na bokesene, na mabe, na bilulela, na nko; batondi na zua na posa na koboma bato, na kowelana, na kozimbisa ba mosusu, na kokana mabe, na kopalanganisa nsango mabe.." Nioso mizali molili.

Biblia elobeli bino ete bolongola makambo nioso ya molili lokola koyiba, koboma, kindumba mpe mabe ya lolenge nioso..

Na loboko mosusu, bato misusu bakolobaka ete bazali bana na Nzambe, ata soki batosaka oyo Nzambe alobelaka bango basal ate to kobatela kasi bakosalakka oyo Nzambe Apekisi bango to kobwakisa. Molili oyo akambami na moyini zabolo mpe Satana mpe ezali ya mokili oyo, nde ekoki te kozala elongo na Pole. Tala tina baye basalaka misala na molili bayinaka Pole mpe babikaka mosika na yango.

Na loboko mosusu, bana na Nzambe ya solo, oyo Azali Pole mpe na kati ya oyo molili ezalaka te, basengeli kokabwana na molili mpe kosala misala naPole.

Elembo Ya Kozala na Boyokani na Nzambe

Na momesano, ezali na boyokani malamu kati na bolingo kati na baboti na bana na bango. Na lolenge moko, esengeli na bino bondimela Yesu Christu mpona kozala na boyokani na Nzambe oyo Azali Tata na milimo na bino (1 Yoane 1:3).

Lisanga awa elakisi kaka te ete boni moko ayebi mosusu malamu, kasi bango mibale bayebana malamu. Bokoki te koloba ete bozali na lisanga na mokonzi ya mboka ata soki boyebi mingi likolo na ye. Ezali lolenge moko na boyokani na bino na Nzambe. Mpona kozala na lisanga malamu na Nzambe, bosengeli koyeba Ye malamu lokola Ye ayebi mpe Andimi bino.

1 Yoane 1:6-7 elobi ete, "Soko tokolobaka ete tozali na Ye

lisanga nde tokotambolaka naino kati na molili, mpe tokosalaka misala na solo te; nde soki tokotambolaka na Pole ndenge Ye moko Azali Pole, tokozalanaka na lisanga na biso mpenza mpe makila na Yesu Mwana na Ye, makopetolaka biso na masumu nioso."

Oyo elakisi ete bozali na lisanga na Nzambe kaka tango bokolongwa na masumu mpe bokosala kati na pole. Soki bokoloba ete bozali na lisanga na Nzambe tango bozali naino kosala mpe kobika kati na molili, ezali lokuta.

Kozala na lisanga na Nzambe elakisi ete, kozala na lisanga na molimo mpe ya solo, kasikozala na lisanga ezangi bo Nzambe te na koyeba Ye kaka kati na bongo na bino. Bino moko bosengeli kozala pole pona kozala na lisanga na Nzambe mpo ete Azali Pole. Molimo Mosantu motema na Nzambe, Azali kolakisa bino malamu mokano na Nzambe na lolenge bozali kofanda kati na solo mpo ete bozala na mozindo na lisolo na Nzambe tango bokotanga Liloba na Nzambe mpe bokobondela.

Soki Bokotambola kati na Molili

Bozalimkoloba lokuta soki bokolobaka ete bozali na lisanga na Nzambe kasi bokotambola kati na molili na kosalaka masumu. Ezali kotambola na solo te, mpe suka suka bokokende nzela na kufa.

Na 1 Samuele 2, bana na Eli nganga Nzambe basalaki mabe mpe masumu. Asengelaki kopamela bango, kasi Eli akebisaki bango kaka, "Pona nini bino bokosalaka makambo na lolenge oyo? Nayoki mpona makambo na bino mabe epai na bato oyo nionso?"

Bongo etalisi malamu na Baefese 5:11-13, "Bosangana ten a misala ma molili mazangi mbuma kasi kososolisa yango polele. Pamba te mizali likambo na nsoni ata koloba mpona misala mikosalaka bango na nkuku. Nde wana makambo nioso mamonisami na Pole, makomonana polele mpenza."

Spoki ezali namoto oyo akobetaka tolo na kozala na lisanga na Nzambe kasi akotambola na pole te, bosengeli kopesa ye toil kati na bolingo. Soki ayei kaka na pole te, bosengeli kopamela ye mpona komema ye kati na pole mpo ete akenda nzela na kufa te.

Bolimbisi na Kotambolaka kati na Pole

Ezali na mobeko kati na mokili oyo mpe soki moto abuki yango, akozwa etumbu kolandana na mabe asali. Kasi, akoki te kosunga pasi akoyoka na conscience na ye mpo ete mabe esi salami ata soki afuti mpona mabe asi asalaki mpe etumbu azwaki.

Na bongo, bozakaka na masumu kati na mitema na bino ata soki bondimeli Yesu Christu, masumu na bino malimbisami, mpe bobiangami bayengebene. Bongo, Nzambe asengi bino bokata ngenga na mitema na bino mpo ete boyoka nkaka te ata na conscience na bino.

Na lolenge elobama na Yelemia 4:4 ete, "Bomibulisa epai na Yawe mpe bolongola mbindo na mitema na bino, bino baton a Yuda mpe bafandi na Yelusalema, ete nkanda na ngai ebima lokola moto te mpe ezikisa te kino bato bayebi kozimisa yango te mpo na mabe na misala na bino,"

Kokanta ngenga elakisi kolongola poso na motema na bino.

Kokata poso na motema na bino ezali kolanda oyo Nzambe Aloba kati na Biblia lokola, "Sala," "Kosala te," "Batela,"to "Bwaka." Na maloba mosusu, elakisi kolongola eloko nioso oyo ezali kotelemela Liloba na Nzambe lokola, solo te, mabe, bozangi bosembo, bozangi mibeko, molili, kosukola mitemana bino mpe kotondisa yango na solo.

Na yango, bosengeli noki noki kokomisa Liloba na Nzambe bilei na bino, bokotisa vitamin na kosalelaka yango, mpe bosumba pamba na mabe mpe solo tem aye mazali ya molili. Tango bozali kokata ngenga na motema, bokoki kokola na molimo.

Tango bokokoma baton a molimo mpe ya solo oyo bazali kobimisa masumu na mabe lokola salite, bozali na lisanga na Nzambe. Bongo makila ma Yesu Christu makoki kosukola masumu na bino mpo ete bozali na lisanga oyo.

Na yango, bosengeli kaka te kondimela Yesu Christu mpe bobengama bayengebene, kasi bo mbongwana pe lokola bayengebeni na solo na koliaka mosuni, komela makila na muana na moto, mpekokata ngenga ya mitema na bino.

5. Kondima Oyo Elandisami na Misala Ezali kondima Ya Solo

Na kokamwa na bino, bomonaka bato mingi oyo basosolaka mpenza te tina na kondima. Bamosusu balobaka, "Pona nini bokokende kaka na egelesia te? Bokoki kaka kobikisama."

Soki bokoyoka Liloba na Nzambe mpe boyebi yango, kasi bokosalela yango te, ezali kaka kondima ya boyebi kati na moto, kasi kondima ya solo te. Na lolenge oyo, bokoki kobikisama te. Kondima nini oyo Nzambe Andimaka? Lolenge nini bokoki kobikisama na kondima?

Tubela ya solo Esengi Kolongwa na Masumu

1 Yoane 1:8-9 elobi ete, "Soki tolobi ete tozali na lisumu te tozali komipengola biso mpenza mpe solo ezali kati na biso te. Soko tokoyambola masumu na biso Ye Azali sembo mope Moyengebeni mpo na kolimbisa masumu na biso mpe kopetola bison a bokesene nioso.

Nini kotubela masumu na bino ezali?

Toloba ete Nzambe Alobi ete kokende epai moi ebimaka ezali nzela na bomoi na seko mpe mokano na ngai, nde kenda kuna." Kasi, soki bokokoba na kokendeke epai mpoi elalaka mpe bokokoba na kolobaka ete limbisa ngai, ezali tubela te. Oyo ezali kondimela Nzambe te, kasi kotiola Ye. Tubela ya solo esalemaka te kaka na koloba masumu na bino na bibebo, kasi mpe na kolongwa na masumu na bino mpenza na bizaleli na bino. Kaka wana nde Nzambe Akoyamba yango lokola tubela ya solo mpe Akopesa bolimbisi.

Lolenge moko bokokufa soki bolei biloko moko te ata soki boyebi ete bosengeli kolia mpo na kobatela bomoi na bino, bopetolami na makila ma Nkolo te soki bokotatola kaka masumu na bino na bibebo na bino mpe bokolongwa na yango te.

Kondima Ezangi Misala Ezali Kondima Na Kufa

Na Yacobo 2:22 elobi ete,"Omoni ete kondima na ye esalaki mosala esika moko na mosala na ye, mpe kondima na ye ebongaki kati na misala na ye." Eteni 26 ekobi:"Lokola nzoto oyo ezangi mpema esili kokufa, bongo kondima oyo ezangi misala esili kokufa lokola."

Bato mingi bakokendaka egelesia mpo ete bayoka ete Lola na lifelo ezalaka. Kasi, mpo ete bandimelaka mpenza te likambo oyo kati na mitema na bango, misala mikolandaka te.Oyo ezali kaka kondima lokola mayebi mpe ekufa.

Lisusu, soki bokoloba na bibebo na bino ete bondimi tango bozali kobika na masumu, ndenge nini bokoloba ete bozali na kondima? Biblia elobeli bino ete lisumu oyo esalemi na bososoli ezali mabe koleka oyo esalemi na bososoli te.

Tango bokotatola ete, "Nandimi" na kozanga misala, bokoki kokanisa ete bozali na kondima kasi Nzambe Akondima yango lokola kondima ya solo te.

Bana Yisalele ba oyo babimaki na Ejipito bakutanaki na misala mingi na Nzambe. Nzambe Akabolaki mai motane, Apesaka bango mana na caille, mpe Abatelaki bango na lipate na nkembo na moi mpe lipata na motona butu.

Kasi tango Nzambe Apesaki bango mitindo kotala mabele na

Kana na kuku, kaka Yosua na Kalebe bandimelaki Liloba mpe nguya na Nzambe. Bongo, ba Yisalele oyo batosaki Nzambe te mpo ete bazalaki na kondima ya makasi kokoka te mpona kokende Kana, bazalaki nab a mbula tuku minei na momekano kati na lisobe mpe suka suka bakufaki kuna.

Bosengeli kososola ete ezali pamba soki bokondima te to bokosala kolandana na Liloba na Nzambe ata soki bokomona mpe bokokutana na misala mingi na Nzambe. Kondima ekokisamaka na misala.

Kaka Baye Bakobatelaka mibeko Nde Bakokoma Bayengebene

Nzambe Alobeli bison a Baloma 2:13 ete "Pamba te baoyo bakoyokaka kaka mibeko na matoyi na bango bazali baengebene liboso na Nzambe te, kasi bango bakosalaka makambo na mibeko bazali bayengebene.

Bozali bayengebeni kaka na kokotakamayangani mpe koyoka Liloba. Bokomi bayengebeni kaka tango mitema na bino na solo te ebongwani na mitema mitema na solo na kosalaka kolandana na Liloba na Nzambe.

Basusu balobaka ete bokoki kobikisama kaka na kobengaka Yesu Christu "Nkolo" na bibebo na bino na kozanga kososola

Baloma 10:13, "Na moto oyo akobelela nkombo na Nkolo akobika." Kasi, ezali solo te. Lolenge elobama na Yisaya 34:16, "Luka mokanda na Yawe mpe tanga! Moko na baoyo akozanga te;moko akozanga mobali na ye te.Pamba te monoko na Ye esili kopesa motindo, mpe Molimo na Ye Ayanganisi bango." Liloba na Nzambe ezali na mobali mpe ekokoma yakokoka kaka tango balimboli yango na mobali na yango.

Baloma 10:9-10 elobi ete, "Soko okoyambola na bibebo na yo ete Yesu Azali Nkolo mpe soko okondima na motema na yo ete Nzambe Asekwisa Ye na bakufi, okobika. Pamba te kondima oyo ekokomisa moto na boyengebene ezali na motema, mpe eyambweli ekokomisa moto na lobiko ezali na bibebu."

Kaka baye oyo bandimi solo kati na mitema na bango ete Yesu asekwaka bakoki kokomisa litatoli na bango na bibebo solo mpo ete bazali kobika kolandana na Liloba na Nzambe. Bakobika tango bakotatola na kondima oyo ya solo mpe bakokoba na kokoma bayengebene,kasi baye bakotatola na kondima oyo te bakoka mpe kobika te.

Tala tina Matai 13:49-50, "Ekozala boye na suka na ekeke; banje bakobima mpe bakolongola mabe kati na malamu, mpe bakobwaka bango kati na litumbu na moto. Bilei ikojala wana mpe koswa mino.."

Awa, "Baengebene" elakisi baye nioso oyo basosoli Nzambe mpe balobaka ete bazali na kondima. "Kokabola bato mabe na bayengebene" elakisi ete ba oyo bazali kosala kolandana na Liloba na Nzambe bakoki kobika te ata soki bayaka na ndako na Nzambe mpe bakobika bo Kristu.

Nzambe Alingi Solo Bokati Ngenga na Motema

Nzambe Alingi bana na Ye bazala bulee mpe yakokoka. Tala tina Alobeli bison a 1 Petelo 1:15, "Kasi bozala bulee na bizaleli nioso na bino lolenge moko oyo Abiangi bino Azali mpe bulee" mpe na Matai 5:48, "Tika ete bozala yakokoka, lolenge Tata na bino na lola Azali yakokoka."

Na tango ya boyokani na kala, bato babikisamaki na misala lokola elilingi ya oyo ekoya, kasi tango na boyokani na sika tango Yesu Akokisaki mobeko kati na bolingo, bobikisami na kondima.

"Kobikisa na misala na Mobeko" elakisi ete ata soki ozali, na ndakisa, motema salite mpona koboma, koyina, kosala ekobo, kokosa, mpe bongo na bongo, ezali lisumu te kino tango ekotalisama na misala.

Nzambe Akatelaka bato te kino tango bakotalisa yango na misala mabe mpo ete bakokaki kolongola mabe na bango na bango moko na kozanga lisungi na Molimo Mosantu, na tango ya boyokani na kala. Kasi, tango na boyokani na sika, bobiki kaka tango bokati ngenga na mitema na bino na kondima na lisungi na Molimo Mosantu, mpo ete Molimo Mosantu Asi Ayeili bino. Molimo Mosantu Akososolisa bino na bokeseni kati na lisumu mpe boyengebene, mpe esambiselo, mpe Akomema bino bobika kolandana na Liloba na Nzambe. Na yango, bokoki kolongwa na lukuta mpe kokata ngenga na motema na bino na lisungi na Molimo Mosantu.

Bosengeli kososola ete Nzambe Asengi bino bokata ngenga ya mitema na bino, bolongola masumu, bozala bulee, mpe bokota kati na bo Nzambe. Toma Polo ayebaki likambo oyo malamu mpe alobelaki bokati ngenga na motema, kasi na nzoto te (Baloma 2:28-29). Apesaki bino toil ete botelemela masumu na pembeni na kotangisa makila na bino mpe bobunda na masumu, na miso na bino etaleli Yesu, mobongisi na kondima na bino. (Baebele 12:1-4).

Nakolikya ete bokozalana kondima ya solo elandisama na misala na kososola ete bokoki kokota Lola te kaka na kobelela "Nkolo, Nkolo," kasi kaka na kotambolaka kati na pole mpe kokata ngenga ya mitema na bino.

Chapitre 9

KOBOTAMA NA MAI MPE MOLIMO

"Ezalaki na moto moko kati na Bafalisai, nkombo na ye Nikodeme, moko na bankolo na Bayuda; Ye wana ayeiepai na Yesu na Butu mpe alobi na Ye ete, Labi toyebi ete oyei molakisi wuta na Nzambe mpo ete moto akoyeba te kosala bilembo nioso bikosalaka yo soko Nzambe Azali na ye elongo te.' Yesu azongisi ye monoko mpe Alobi na ye ete, solo solo nazali koloba nay o ete, soko moto akobotama lisusu te akokoka komona bokonzi na Nzambe te. Nikodeme alobi na Ye ete, moto akoki kobotama lisusu boni wana esili ye kokoma mobange? Akoka koingela na libumu na mama na ye mpe kobotama mbala mibale? Yesu Azongisi monoko ete, solo solo nazali koloba nay o ete, soko moto abotami na mai mpe na molimo akoka koingela na libumu na bokonzi na Nzambe te."

Yoane 3:1-5

Nzambe Atindaki Yesu Christu Muana na Ye se moko na likinda, mpe Afungolaki nzela na Lobiko. Nani nani akondimela Ye akozwa makokiya kobengamamuana na Nzambe mpe akosepela bomoi na lipamboli mpena seko awa mpe na libela.

1. Nikodeme Ayei Epai na Yesu

Na ekeke na Yesu, Bafalisai bazalaki na botosi makasi na Mobeko na Mose, mpe bakobaki na kobatela bizaleli na bakolo. Bazalaki bakambi na maye matali kosambela kati na bapona,mi na Yisalele, ba oyo bandimeli bokonzi na Nzambe, lisekwa, banjelu, esambiselo na suka, mpe Mesia Akoya.

Kasi Yesu Apamelaki bango mblana mbala, nakolobaka ete, "Soni na bino, Bafalisai.." Bango, lokola baton a kuku bazalaki komonana na bato lokola ba santu na libanda, kati kati na bango batondisamaki na moyimi mpekomilongisama lokola malilita mapakolamipembe (Matai 23:25-36).

Nikodeme azalaki na Motema Malamu

Nikodeme Azalaki moko na bakambi na lisanga na bakambi na Bayuda babengi Saledeni. Kasi atelemelaki Yesu lokola Bafalisai misusu te. Kutu, andimaki ete Yesu Awutaki na Nzambe, nakomonaka bilembo mpe bikamwa oyo Yesu Asalaki.

Nikodeme Alingaki koyeba nani Yesu Azalaki mpo ete azalaki na motema malamu.

Na Yoane 7:51, Nikodeme atunaki Bafalisai ba oyo balingaki kokanga Yesu ete, "Bongo Mobeko na biso ekatelaka moto tango esili koyoka ye te mpe bayeba nini azali kosala, bongo te?"

Ezalaki pete te mpona koloba bongo lokola moko na Basaledeni na tango wana. Ata na ekeke oyo siko mbula matali elongoli to epekesi BoKristu na mobeko, moto na mbula matari akoki te kotelemela na loboko na BaKristu. Lolenge moko, na tango wana Bayisalele bazalakakotala boyambi mosusu libanda na Boyuda lokola lokuta. Nikodeme ayebaki ete akokaki kobengama soki atelemakana mopanzi na Yesu.

Ata bongo, nikodeme atelemaki mpona Yesu. Etalisi ete azalaki solo mpe atelemaki ngwi na kondima na ye mpona Yesu.

Yoane 19:39-40 etalisi biso eloko na sima na kufa na Yesu na ekulusu::

Nikodeme, ye oyo ayeli Ye liboso na butu,, ayaki mpe amemi mola mpe aloe isanganisami bojito na litela motoba boye bakamati ebembe na Yesu mpe bazingi yango na molikani mpe na malasi elongo kolandana na mpotindo na kokunda na Bayuda.

Bongo, Nikodeme andimaki ete Yesu Azalaki moto na Nzambe, asalelaki Yesu na kombongwana te ata na sima na kobakama na Ye na ekulusu, mpe azwaki lobiko na kondima na lisekwa na Ye.

Nicodeme Ayei Epai Na Yesu

Na Yoane 3, ezali na lisolo kati na Yesu na Nicodeme liboso na Ye Asosola solo na molimo.

Eteni 2 etangi ete, "Ye wana ayei epai na Yesu na butu mpe alobi na Ye ete, Labi, toyebi ete oyei molakisi uta na Nzambe mpo ete moto akoyeba te kosala bilembo bikosalaka Yo soko Nzambe Azali na ye elongo te." (et.2.)

Nikodeme na ebandeli ayebaki te ete Yesu Azalaki Mesia mpe Muana na Nzambe. Kasi, na sima na ye komona bikamwa na Yesu, Nikodeme asosolaki mpe atatolaki ete Yesu Azalaki moto na Nzambe mpo ete azalaki na conscience malamu, ayebaki ete ezalaki kaka Nzambe na Nguya Nioso nde Akokaki kosekwisa bawa, komonisa bakufi miso, kotelemisa bakakatani, mpe atika baton a maba babika.

Bongo, pona nini ayaki epai na Yesu na butu? Azalaki lokola bato oyo balingaka te koya na egelesiana miso na bato nioso mpo ete bandimelampenza Nzambe Mokeli te.

Ata soki Nikodeme azalaki na motema malamu, azalaki na kondima ya solo te. Azalaki mpenza na bondimi na Yesu te lokola Muana na Nzambe mpe Mesia, bongo akendaki kotala

Yesu na moi mpe polele polele te, kasi akendaki na butu.

2. Yesu Asungi Nikodeme Na Bososoli Na Molimo

Eteni 3 etangi ete, "Yesu Azongisi monoko mpe Alobi na ye ete, 'Solo solo nazali koloba nay o ete, soko moto akobotama lisusu te akokoka komona bokonzi na Nzambe te.'"

Nikodeme akokaki kososola yango soko moke te.Nde,atunaki lisusu ete, "Lolenge kani moto akoka kobotama wana akomi mobange?" Azalaki na kondima na molimo te, nde awayaki wayaki, "Mobange akufaka mpe azongi mabele, nde lolenge nini akoki kobotamalisusu?"

Bongo Yesu Alobelaki ye likolo na mbotama na mai mpe na molimo ete: "Solo solo, nazali koloba na yo ete, soko moto akobotama na mai mpe na molimo te, akokoka koingela na bokonzi na Nzambe te." (Vv.5-6)

Tango Nikodeme alingaki koyeba nini Yesu Alobaki, Yesu Alimbolaki na lisese: "Mopepe ekopepa epai elingi yango. Okoyoka mongongo na yango Kasi oyebi te soki euti wapi soko ekei wapi. Ezali mpe boye na ye oyo abotami na Molimo."

Na sima na Adamu koboya kotosa, milimo na bato nioso mikufaki mpe moto nioso na sima na bomoi na ye asengelaki na kufa. Kasi, molimo na moto ezwaki lisusu bomoi na sima na kobotama na Molimo Mosantu. Lolenge akomaki molimo, azongelaki elilingi na Nzambe mpe Abikisami. Kasi Nikodeme asosolaki te nini Yesu alingaki koloba Nde atunaki, "Lolenge nini ekoki?" Yesu Ayanolaki ete:

"Soko nasili koloba na bino mpona makambo na mokili mpe bondimi te, bokondima boni soko nakoloba na bino mpona makambo na likolo? Moto mpe te asili kobuta kino likolo bobele ye oyo akitaki longwa na likolo, ye mwana na Moto oyo auti na Likolo. Mpe lokola Mose anetolaki nyoka kati na lisobe, boye ekoki na mwana na moto konetwa, ete moto na moto oyo akondimaka ye azala na bomoi na seko (vv.12-15.)

Na Mituya 21:4-9, ba Yisalele baye babimaki na Ejipito balobelaki Mose mabe mpo ete mobembo na bango na Kana ekobaki pasi mpona kondima. Bongo Nzambe Abalolelaki bango elongi mpe Atindelaki bango ba myoka na ngenge ba oyo baswaki bango.

Na kolela na bango mpona lisungi, Nzambe Alobelaki Mose ete asala nyoka na motako mpe abutisa yango na nzete. Nzambe Abikisaki moto nioso oyo atalaki yango, kasi bato na mitu mangongi bakufaki mpo ete balukaki at ate kotala na bozangi kondima.

Kososola Liloba Na Nzambe Na Molimo

Pona nini Nzambe Apesaka motindo ya kosala nyoka motako mpe komatika yango na nzete? Kobanda Genese 3:14 toyebi ete nyoka alakelamaki mabe.. Lisusu, Bagalatia 3:13 elobi ete, "Alakelama mabe ye oyo abakami na nzete."

Bongo, komatisa nyoka motako na nzete elakisi ete Yesu Akobakama na ekulusu na nzete, lokola nyoka Alakelama mabe mpona kosikola bino. Lisusu, kaka lokola oyo atalaki nyoka motako abikaki, nani nani akondimela Yesu Christu akobikisama.. Nikodeme akokaki kososola nini ya Liloba na Nzambe te, mpo ete abotamaki naino na mai na Molimo te, mpe miso na ye ya molimo naino efungwaki te.

Ata lelo, soki bobotami na mai mpe Molimo mpe bozali na miso na molimo efungwama te, bokokoka kososola tina na mateya na molimo te mpo ete bokoki kososola yango na mosuni mpe bobungisa bososoli na yango.

Bosengeli kobondela makasi mpona kososola limbola ya molimo na Liloba na Nzambe na lisungi na Molimo Mosantu. Bongo Nzambe na ngolu akofungola mitema na bino, mpe bokokoka kososola Liloba na Nzambe mpe bokozwa bondimi ya solo.

3. Tango Obotami na mai mpe Na Molimo

Yesu Ayebisaki Nikodeme tango ayaki kotala Ye na butu ete,

"Solo solo nazali koloba na yo ete, soko moto akobotama na mai mpe na molimo te, akokoka koingela na bokonzi na Nzambe te.Oyo ebotami na mosuni ezali mosuni mpe oyo ebotami na Molimo ezali molimo" (Yoane 3:5-6).

Mai Elakisaka Mai na Bomoi na Seko

Mai esilisaka posa na mai na bino mpe ebongisaka biteni na kati na nzoto. Epetolaka mpe nzoto na bino na libanda mpe na kati.

Bongo Yesu akokisaki main a bomoi na seko na mai mpona kolimbola ete epetolaka bino mpe ememaka bomoi.

Yesu Ayebisi biso na Yoane 4:14 ete, "Nde ye oyo akomela mai makopesa ngai epai na ye akoyoka mposa lisusu libela te; Kasi mai makopesa ngai ye makozala mOto na mai kati na ye kotiolatiola kino bomoi na seko."

Soki bomeli mai, bokoyoka posa na mai te mpona ngonga moko, kasi bokokoma lisusu na posa na mai. Mai na makomi oyo elakisi main a seko. Nani nani akomela mai oyo YesuAzali kopesa akoyoka posa na mai lisusu te. Mingi, "MOto na mai kopunzapunza na bomoi na seko" ekopesa bino bomoi.

Yoane 6:54-55 etangi ete, "Ye oyo akolia mosuni na ngai mpe akomela makila na ngai azali na bomoi na seko mpe ngai

Nakosekwisa ye na mokolo na suka. Mpo ete mosuni na ngai ezali bilei na solo mpe makila na ngai ezali bimeli na solo." Nde, mosuni na Yesu mpe makila ma Ye mazali main a bomoi.

Lisusu, "mosuni" na Ye, elakisi Liloba kati na Biblia mpo ete Yesu Azali Liloba oyo Ayaki na mokili na mosuni. Kolia mosuni na Ye elakisi kobatela Liloba na Ye nab a bongo na bino o nzela ya kotangaka Biblia.

Makila ma Yesu mazali bomi, mpe bomoi ezali solo. Solo ezali Christu, mpe Christu Azali nguya na Nzambe. Maye oyo nioso ezali makila na Yesu. Mpo ete Nguya na Nzambe Eyaka na kondima, komela makila na Yesu elakisi kotosa Liloba na Ye na kondima. Boyekolaki ete mai elakisi nzoto na Yesu oyo ezali Liloba na Nzambe mpe muana na mpate na Nzambe. Lolenge mai epetolaka ba nzoto na bino, Liloba na Nzambe epetolaka bosoto kati na mitema na bino.

Talatina bo batisamaka na mai kati na egelesia,mpe libatisi elakisaka ete bozali bana na Nzambe mpe bolimbisami na masumu na bino. Lisusu, elakisaka ete bosengeli kotangaka Liloba na Nzambe mpe bopetolama mikolo nioso.

Mbotama Na sika Na Mai

Boni sik'awa bokoki kosukola mbindo kati na mitema na bino na Liloba na Nzambe oyo ezali main a seko?

Ezali na mibeko ya lolenge minei oyo Nzambe Apesi biso: "Sala, kosala te," "Batela eloko," mpe "Bwakisa eloko."

Ndakisa, Nzambe apekisi bino kolula, koyina, kokanisela mabe, koyiba, bondumba, mpe koboma.

Na tango moko, bosengeli te kosala oyo epekisama mpe na ngonga moko, bosengeli kolongola mabe ya lolenge nioso. Bosengeli mpe kobatela Saba, koteya Sango Malamu, kobondela, mpe kolingana bino na bino. Motema na bino moke moke ekotondisama na solo na lisungi na Molimo Mosantu, mpe Liloba na Nzambe ekosukola makambo ezango bosembo kati na bino to masumu. Na boye, motema na bino ekoki kokatamangenga mpe kobombongwana kati na solo na kosalaka kolandana na Liloba na Nzambe, mpe yango ezali kobotama na mai."

Bongo, mpona kozwa Lobiko yakokoka, bosengeli kaka kondimela Yesu kasi kokata ngenga na motema na bino na kotosasa Liloba na Nzambe tango nioso na bomoi na bino.

Kobotama Sika na Molimo

Mpona kozwa Lobiko, bosengeli kobotama na mai mpe Molimo lokola.

Lolenge nini bokoki kobotama na Molimo? Na Misala 19:2, Ntoma Polo atunaki bayekoli moko,"Bino boyamba Molimo Mosantu tango bondimelaka? Nini ezali koyamba Molimo Mosantu?

Soki botubeli masumu na bino, na koyebaka ete bozali basumiki, Nzambe Akopesa bino Molimo Mosantu lokola likabo mpe likuta ete bozali bana na Ye (Misala 2:38).

Muana nioso na Nzambe, oyo ayambi Molimo Mosantu, akoki kososola kati na malamu mpe mabe na Liloba na Nzambe mpe abika kolandana na Liloba na Nzambe na nguya mpe makasi na Lola o nzelaya mabondeli makasi mpe elandana.

Na lolenge oyo, bokombongwana kati na solo mpe bokozala na kondima na molimo na lolenge bozali kobota molimo o nzela ya Molimo Mosantu. Na Yoane 3:6 elobi ete, "Oyoebotami na mosuni ezali mosuni mpe oyo ebotami na Molimo ezali molimo," mpe Yoane 6:63 etalisi ete, "Molimo Azali Ye oyo akopesaka bomoi; mosuni ezali na lisungi te. Maloba masili ngai koyebisa bino mazali Molimo mpe bomoi,."

Kokoma Moto na Molimo na Kolandaka Molimo Mosantu

Tango bobotami na mai mpe Molimo Mosantu, bokozwa makoki ya kozala bato na Lola (Bafilipi 3:20). Lokola bana na Nzambe, bokokota mayangani, kosanzola na esengo, mpe koyika mpiko mpo na kobika kati na Pole.

Liboso na kozwa Molimo Mosantu, bobikaki kati na molili mpo ete boyebaki solo te. Kasi, sima na koyamba Molimo Mosantu, bozomeka kobika kati na pole.

Na koleka na tango, bokomona ete tango bozali na esengo kati na mitemana bino, bozali kobunda bunda. Ezali mpo ete Mobeko na Molimo oyo elandaka posa na Molimo Mosantu ezali kobunda na mobeko na masumu kati na makila oyo elanda posa na nzoto, ya miso, mpe lolendo na bomoi (1 yoane 2:16).

Ntoma Polo alobeli etumba oyo: "Kati na motema na ngai moto, nasepeli na mibeko na Nzambe; kasi namoni mobeko mosusu kati na bilembo na nzoto na ngai. Mobeko yango monene ezali kobunda etumba na Mibeko milingi ngai na makanisi na ngai, ezali mpe kokanga ngai moumbu na mobeko na masumu mozali kati na bilembo na ngai. Ngai moto na mawa mingi! Nani akolongola ngai na nzoto oyo na kufa?" (Baloma 7:22-24)

Tango bobotami na mai mpe Molimo, bokomi bana na Nzambe. Elingi kolakisa te ete bozali baton a molimo na kokoka.

Tala tina Bagalatia 5:16-17 elobeli biso ete, "Nalobi ete botambolana Molimo mpe bopesa posa na nzoto nzela te mposa na nzoto ekobunda bunda na mposa na Molimo, nioso mibale ikotemanaka, kopekisa bino ete bozanga kosala yango ekani bino."

Mpona kolanda Molimo Mosantu, bosengeli kobika kolandana na Liloba na Nzambe mpe kosala mokano endimama mpe esepelisaka Nzambe. Bongo, soki bozali kolanda posa na Molimo, bokomekama te mpe bokokoka kolonga moyini zabolo mpe Satana oyo bamekaka bino pona kolanda baposa na masumu. Bokoki kobika na solo mpe komipesa bino mpenza na molende epai na Bokonzi na Nzambe mpe bosembo na Ye.

Tango bokolanda posa na MolimoMosantu, bozali na esengo mpe kimya. Kasi, bokoyoka mabe mpe nkaka tango bokolanda posa na masumu na makila. Na lolenge kondima na bino ekokomela, bokoka kolongola masumu mpe kolanda posa na Molimo Mosantu kati na makambo nioso. Posa oyo elingi kolanda masumu kati na bino ekolimwa.

Nzambe Asepelakana baye oyo bazali kobika kolandana na posa na Molimo. Apesaka bango posa ya mitema na bango lolenge alaki bison a Nzembo 37:4, "Sepela yo moko kati na NKOLO; mpe Akopesa yo posa ya motemana yo."

Soki bobongoli motema na bino na motema oyo etondisami na solo, Nzambe akosepelaingi na bino mpe akokokisa nioso pona bino. Na kolikya ete bokobotama na mai mpe na Molimo, mpe bokobika kolandana na posa na Molimo Mosantu.

4. Batatoli Bazali Misato: Molimo, Mai, Na Makila

Lolenge nasi nalimbolaki, bosengeli kobotama na mai mpe Molimo pona kobika. Kasi, mpona koyamba lobiko yakokoka, bosengeli kopetolama na masumu namakila maYesu na kotambolaka kati na pole.

Soki motema na bino epetolami te, bozali naino na masumu. Bongo, bozali na bosenga ya makila ma Yesu Christu mpona kopetolama na masumu etikala.

Mpona oyo, 1 Yoane 5:5-8 elobeli biso boye:
"Nani molongi na mokili? Bobele ye oyo andimi ete Yesu Azali Muana na Nzambe. Ye wana Ayaki na mai mpe na makila, ye Yesu Kristu; Ayaki bobele na mai te kasi na mai mpe na makila lokola. Molimo mpe Azali motatoli mpo ete Molimo Azali solo.. Pamba te batatoli bazali misato: Molimo mpe Mai mpe makila. Nde bango misato basangani na litatoli moko.

Yesu Ayei na Mai mpe Makila

Yoane 1:1 etangi ete "Liloba Azalaki Nzambe" mpe Yoane 1:14, "Liloba Akomi mosuni mpe angangisi mongongo na Ye kati na biso mpe tomoni nkembo na Ye, nkembo lokola mwana oyo abotami lokola mwana na likinda longwa na Tata; Atondi na ngolu mpe na solo." Ezali ete, Yesu Muana se moko na Nzambe mpe Liloba na Nzambe, Ayaka na mokili na mosuni mpona kolimbisa masumu na biso. Ata lelo, Akokoba kopetola biso na Liloba na Nzambe- Bilia.

Kasi, bokoki kobika kolandana na Liloba na Nzambe te soki Molimo Mosantu asungi te. Ekokoka te kolongola masumu na makasi na bino moko. Bosengeli kozwa lisungi na Molimo Mosantuna nzelana mabondelimakasi mpo ete bolongola posa na nzoto, posa na miso, mpe lolendo na bomoi. Kaka wana nde bokokoka kolongola molili mpe solo te kati na mitema na bino.

Lisusu, bozali na bosenga na makila mpona kolimbisana. Baebele 9:22 elobi ete "Ee, na nse na mibeko biloko nioso bipetwi na makilampe soko makila masopani te, kolimbisama na masumu ezali te." 'Bozali na bosenga na makila naYesu mpo ete kaka makila ezanga mbeba mpe mapetolama nde makopesa bino bolimbisami.

Bosengeli kondimela Yesu oyo Ayaka na mai mpe makila,

mpe koyamba Molimo Mosantu lokola likabo na Nzambe mpona kozwa lobiko, mpona oyo bozali bosenga na oyo misato: Molimo, mai mpe makila.

Soki kosopwana na makila ezali te, bolimbisi ezali te mpe bozali kati na masumu. Bozali na bosenga kaka na Liloba te. Mai mpona kopetolama, kasi mpe lisusu Molimo Mosantu mpona kosunga bino bobika mobimba kati na Liloba. Bongo oyo misato bayokani.

Bongo, tosengeli, sima na kolimbisama masumu na bison a kondimelaka Yesu Christu, tokoba na kobotama na main a Molimo mpona kozwa Lobiko ya kokoka, kososola ete misato na Molimo, mai mpe makila elongo ebikisi biso mpe ekokambaka biso na Lola.

Chapitre 10

Kopengwa Ezali Nini?

"Kasi basakili na lokuta bazalaki kati na bato pelamoko balakisi na lokuta bazali kati na bino.
Bango bakoyeisa mikabwano na libebi, bakowangana ata Mokonzi oyo bakobenda libebi noki epai na bango mpenza. Mingi bakobila mobulu na bango monene mpe mpo na bango, nzela na solo ekotukama; Na bilulela na bango bakozwa litomba kati na bino na maloba na lokuta. Nde ekweli ebongisami mpona bango; Longwa kala ezali kolambela mpamba te. Libebi mpona bango ekoumela kalala mpongi te."

2 Petelo 2:1-3

Lolenge kobika na bato ekomi na kotalaka biloko eyei, bato bakomi kowangana Nzambe mpe batie elikya na bwanya mpemayele na bango. Lokola masumu epanzani, milimo na bato eyeisami moindo mpe bato bakweyi na kanyaka. Bongo, bato mingi bakweisami na lokuta mpo ete bakoki te kososola kati na solo mpe nini ezali lokuta. Bazali mpe kosala mbeba ya kokaniselaka bato mabe kolandana na maye bakanisi malamu mpe boyebi na bango oyo bamoni solo.

Yesu Alobeli bango na Matai 12:31-32 ete, "Bongo, nazali koloba na bino ete, bato bakolimbisama masumu nioso mpe kotuka nioso, nde lituki kotuka molimo na Bulee bakolimbisama na yango te. Nani nani akoloba mabe mpo na Muana na Moto ekolimbisama ye, nde ye nani akoloba liloba kotelemela Molimo Mosantu ekolimbisama ye te, soko na ntango oyo soko na ntango ekoya."

Soki bokososola kati na solo na lokuta malamu kati na Biblia, bokokanisela bato misusu mabe te to kokeisama na oyo ezali solo te.

Tika tozinda na "Kopengwa" na lolenge na Nzambe, lolenge kani kososola kati na Molimo na Nzambe mpe ya ye mabe, mpe mangomba misusu na kopengwisa na oyo bosengeli kokeba.

1. Limbola ya Kopengwa kati Na Biblia

Dictionnaire ya Oxford elimboli 'Kopengwa' lokola bondimi to makanisi oyo mazali kotelemela moboko ya malakisi na lingomba songolo.'

Babengi Polo mokambi na Bondimi moko na Lipengwi

Misala 24:5 etangi ete, "Mpo ete tozwi mobali oyo na yauli, oyo akotombokisa bato kati na Bayuda yonso ba oyo bafandi na mikili nioso; ye moto na liboso na lingomba na Banasalete." Awa "lingomba na Banasalete" elakisi "lingomba na kopengwa," nde awa mbala liboso kombo "kopengwa" etalisama na Biblia.

Bayuda bafundaki Polo epai na Mokonzi na engomba mpo ete bakanisaki ete Sango Malamu ye azalaki koteya ezalaki lipengwi. Polo aboyaki yango mpe atatolaki bondimi na ye ndenge ekomama na Misala 24:13-16 ete,

"Bakoki mpe kolendisa nay o likambo mazali bango sasaipi kofunda ngai te. Nde nakoyambola nay o boye ete nakosalelaka Nzambe na bankoko na motindo na nzela oyo bazali kobenga kopengwa. Nandimi makambo nioso masili kokomama kati na

Mibeko mpe na basakoli. Nazali na elikya na Nzambe, oyo bato oyo mpe bandimi yango, ete lisekwa ekozala na baton a sembo mpe na bato sembo te. Ngai nakotiaka motema na ngai na likambo oyo ete ntango yonso nazala na lisosoli na sembo na tina na Nzambe mpe na tina na bato."

Bongo Ntoma Polo Azalaki Moto na Lipengwi?

Bosengeli kotala limbola ya kopengwa kati na Biblia mpo ete Biblia ezali Liloba na Nzambe, Kaka Ye Nzambe nde Akoki kososola malamu na mabe. Limbola na kopengwa elobami na 2 Petelo 2:1:

Kasi basakoli na lokuta bazalaki kati na bato pelamoko balakisi na lokuta bazali kati na bino. Bango bakoyeisa mikabwano na libebi, bakowangana ata Mokonzi oyo asili kosikola bango, bakolbanda libebi noki epai na bango mpenza.

"Mokonzi oyo Asomba bango" elakisi Yesu Christu. Moto, na ebandeli azalaka ya Nzambe mpe abikaki kolandana na mokano na Ye. Sima na koboya kotosa na ye, Adamu akomaki mosumuki oyo azalaki ya zabolo. Kasi, Nzambe Azalaki na mawana bato oyo bakotaki na nzela ya kufa. Nzambe Atindaki Yesu, Muana na Ye se moko, likola mbeka ya kimia mpe Andimaki ete Abakama na ekulusu mpo na kofungola nzela na lobiko na makila nama Ye.

Nzambe Asalaki mpona biso, ba oyo tozalaka ya zabolo, mpona bolimbisi na masumu na biso soki tondimeli Yesu Christu. Tozwi mpe bomoi to tokomi lisusu ya Nzambe.. Tala tina tokoki koloba ete Yesu Asomba bison a kobakama na ye na ekulusu, mpe Biblia elobeli bino ete Yesu Azali mokonzi oyo asomba bango.

Bapengwi Bandimaka Yesu Christu Te

Sik'oyo boyebi ete bapengwi bazali baye oyo bakoboya Mokonzi oyo Asomba bango, mpe komemaka libebi ya solo likolo na bango" (2 Petelo 2:1). Kombo oyo etikala kobengama te kino tango Yesu Asilisaki mosala na Ye lokola Mobikisi. Kombo Yesu elakisi Ye oyo Akobikisa bato na Ye na masumu." "Christu"ezali Mopakolami.Yesu Akomaki Mobikisi kaka na sima na mosala na Ye, kobakama na ekulusu mpe kosekwa.

Tala tina bokoki komona kombo oyo na Boyokani na Kalate to na Sango Malamu na Matai, Malako, Luka, na Yoane bisika balobeli bomoi na Yesu. Ata Bafalisai, balakisi na Mobeko, mpe banganga Nzambe ba oyo banyokolaki Yesubasalelaki kombo yango te. Ata Nganga Nzambe Mokonzi mpe lokola.

Kaka sima naYesu kosekwa mpona kokokisa Mosala na Ye lokola Christu, "bato bawangani na Mokonzi oyo Asomba bango"babimaki. Nde wana kaka nde, Biblia ebandaki kolobela biso likolo na bapengwi.

Bongo soki bato bawangani Mokonzi oyo asomba bango te,, bazali bapengwi te.Soki ba wangani yango, wana nde, bazali bapengwi.

Ntoma Polo awanganaki Yesu Christu te oyo asombaki ye na makila ma Ye motoya. Kutu, Polo apesaki matondi na Yesu Chritu oyo atatola bisika nioso azalaki kokende, mpe Polo anyokwamaki mpe esengelaki na ye afuka talon a motuya. Mbala mitano,Bayuda babetaki ye fimbo ntuku minei longola moko. Mbala moko babetaki ye mabanga.Akangemaki na boloko,banyokolaki ye na bapaya na baton a ekolo na ye, mpe baoyo atielaka motema batekaka ye. Kolekana na oyo, Polo akomaka moto na nguya makasi na kolongaka ba pasi oyo nioso na esengo mpe matondi, mpe apesaki nkembo epai na Nzambe na kobikisaka bato mingi na nkombo na Yesu Christu kino mokolo akufaka lokola mobomami.

Polo Ateyaka Sango Malamu Na kotalisaka Nguya Na Nzambe

Bosengeli koyeba ete Nguya na Nzambe ekoki te kotalisama na bato oyo bazali kowangana Nzambe Mokeli mpe Yesu Christu oyo Azali lolenge moko na Nzambe mpo ete Biblia elimboli malamu ete, "Nzambe Alobi mbala moko, e nayoki yango mbala mibale, ete nguya ezali epai na Nzambe."

Bosengeli te kosambisa moto oyo azali kotalisa nguya na Nzambe mpo ete nguya wana mpe etalisi ete Nzambe Azali na ye mpe ye alingi Nzambe mingi. Na Bagalatia 1:6-8, Polo, oyo abegamaki mokambi na lingomba lokota na Ba Nazalete, apamelamakasi na bato ete bateya mateya mosusu te soki kaka sango na ekulusu: "Nakamwi ete bozali kolongwa noki noki na Ye oyo abiangi bino na ngolu na Christu; bozali mpe kobongwana epai na Sango Malamu mosusu. Sango Malamu mosusu ezali solo te, kasi bamosusu bazali ba oyo bakotungisa bino mpe baling kobongola Sango Malamu na Christo. Nde soko biso, soko mwanje na Likolo, akosakolela bino sango ekeseni na oyo esakolelaki biso bino, tika ete alakelama mabe!"

Bosambisaka Bamosusu Na Bopete te Lokola Bapengwi

Na nyokwamaki mingi mpe nalekelaki mimekano na kofundama lokola mopengwisi, na lolenge na talisa nguya na Nzambe mpe lingomba nangai ekomaki monene mingi. Solo, lingomba ekolaki na bato koleka 120,000 na ba mbula ntuku misato eleka wuta egelesia efungwama na 1982.

Na nyokwamaki na ba malali mingi ba mbula sambo, mpe nabikaka na nguya na Nzambe na mbala moko. Bogo nayaka kobika mpona nkembo na Nzambe soko nakolia to nakomela lolenge Polo ntoma asalaki. Natiaka bomoi na ngai kati na maboko ma Yesu mpe natalelaki kaka Yesu, nioso se Yesu."

Kobanda tango nazalaka moto pamba, nazalaki komeka kotatola ete Yesu Abikisaki ngai mpe koteya Liloba. Na sima na kobiangama mosali na Nzambe, nateyaka sango na Ekulusu mpe kotatola Nzambe na bomoi mpe Yesu Mobikisi. Natatola kutu Nzambe tango nazalaki kokamba mayangani na babalani mpo ete nalingaki komema bato mingi na nzela na lobiko.

Nasosolaka ete Liloba na Nzambe na nguya na bilembo na Nzambe na Bomoi ezalaki motuya mpo na kozala temoin na Nzambe kino suka na mokili. Bongo nabondelakamakasi, lolenge ba koko na kondima basalaka, mpona kozwa nguya na Nzambe, mpe nalekaki mimekano nioso epesamelaki ngai na matondi mpeesengo.

Ba tango misuse ezalaki na mimekano lolenge na kufa. Kasi, lolenge Yesu Azwaka nkembo na lisekwa na sima na kufa na Ye, Nzambe Amatisaki nguya na ngai kolandana na mokano na Ye tango nioso nalongaki mimekano moko na moko.

Na yango, tango nioso nazalaki kotatola ete pona nini Nzambe Azali kaka Nzambe moko Solo mpe pona nini bokobikisama soki bondimeli Yesu Christu na mokili mobimba lokola-na Kenya, Uganda, Honduras, Japon, ata musilman makasi na Pakistan mpe mbokaba Hindu ebele lokola Indewuta mbula 2000, ba zomi nab a nkoto na bato batubela, bakufi miso bamona, bababa balboa, bakufi matoyi bayoka, bokono ezanga lobiko lokola SIDA mpe ba cancer ndenge na ndenge ebikisama.Bikamwa oyo mikumisaki Nzambe makasi.

Bongo, moto oyo asosoli malamu nini kopengwa ezali akosambisa basusu lokola bapengwi kaka bongo te. Na Misala 5:33-42, bokotanga likolo na Gamaliel, molakisi na mibeko,oyo akumisamaki epaina bato nioso. Ye asalaki nini?

Na tango wana Bafalisai na Saladene bapekisaki Petelo na Yoane na kotatola likolo na Yesu Christu, kasi batondisamaki na Molimo Mosantu mpe batosaki lisanga te.Bongo, bango balingaki koboma ba Ntoma. Bongo, Gamalilel atelemaki mpo asengaki ete babimisa bato na libanda mpona ngonga moko. Nde Alobeli bango ete:

Alobi na bango ete: mibali na Yisalele, keba na bino soko bolingi kosala nini na bato oyo. Mpo ete mwa kalakala Teuda abimaki kolobaka ete ye moko monene, mpe mwa ndambo na mibali basanganaki na ye, soko nkama minei. Ye abomamaki mpe bango yonso babilaki ye bapalanganaki mpe bakomi mpamba.. Nsima na ye, na mikolo na kokoma nkombo,Yuda na Galilai abimi, mpe abendi bato nsima na ye. Ye mpe akufi,mpe bango yonso babilaki ye bapalangani. Sik'awa nazali koloba na bino ete bolongwa na bato oyo, mpe botika bango, mpo ete soko mayele oyo to mosala oyo euti na bato, ekobeba. Soko nde euti na Nzambe, bokokoka kobuka bango te. Keba ete bazuama bobundi na Nzambe te." Misala 5:35-39).

Lolenge botangi eteni oyo, bososoli ete soki mosala na bikamwa ewuti to ezali ya Nzambe te, suka suka ekokweya ata soki bato batelemeli yango te. Kasi, ata soki batelemeli to batungisi mosala oyo ewuti na Nzambe, bakokoka kotelemela niso te. Kasi, makasi na bango ekeseni na kotelemela Nzambe te mpe bakweya na nse na esambiseli na Ye.

Tango misusu bato bakokatelaka basusu lokola bapengwi

mpona bokeseni kati na limbola na Biblia, vision na Molimo Mosantu, ata monoko na sika ata soki bango nioso bandimaka Nzambe Misato mpe ete Yesu Christu Auaka na mosuni.

Bato misuse balobaka kutu bazali na bosenga na monoko na sika te to mimoniseli, mpe misala na Molimo Mosantu mizali malamu te mpo ete ezali na makomi moko te bisika Yesu Alobaki na monoko na sika to Amonaki emoniseli. Kasi, Biblia elobi ete mizali malamu mpona biso:

Mpo na kopekisa ngai ete namisepelisa te mpo na bimponiseli minene, nazui monzube kati na nzoto, yango Ntoma na satana, ete etungisa ngai ete namisepelisa na koleka te. Nabondeli Nkolo mbala misato mpo na yango ete elongwela ngai. Nde Alobi na ngai ete, 'Ngolu na ngai ekoki nay o, pamba te nguya na Ngai ekokisami kati na bolembu. Nakomikumisa na esengo kati na bolembu ete nguya na Kristu efanda likolo na ngai. Bongo mpo na Kristu nasepeli mpo na bolembu mpe kotiolama mpe bolozi mpe minyoko mpe nkaka. Mpo wana ezali nagi na bolembu, bongo nazali na nguya (Bakolinti 12:7-11).

Bongo, bokoki te kotuka mpe kokatela mabe baye oyo bazali na makabo ya kokesana na Molimo lokola bapengwi kaka mpo ete bozali komona yango bino moko te.

2. Molimo na Solo mpe Molimo na Lokuta

Na 2 Petelo 2:1-3, ezali na Limbola likolo na bopengwi. Biblia ekebisi bino likolo na basakoli mpe balakisi na lokuta ba oyo bazali na nkuku kokotisa malakisi na lokuta. "Mingi bakobila mobulu na bango monene mpe mpo na bango, nzela na solo ekotukama. Na bilulela na bango bakozua litomba kati na bino na maloba na lokuta. Mde ekweili mpo na bango; longwa kalaezali kolambelama pamba te. Libebi pona bango ekoumela kolala mpongi te.

Lisusu na Yoane 4:1-3, elobi ete, "Balingami bondima milimo nioso te, kasi bomeka milimo soko miuti na Nzambe, mpo ete basakoli na lokuta mingi basili kobima kati na mokili. Bokoyeba milimo na Nzambe na nzela oyo: molimo na molimo oyo ekoyambola ete Yesu Kristu ayei na nzoto euti na Nzambe; mpe molimo na molimo oyo akoyambolaka Yesu te auti na Nzambe te. Yango ezali motelemeli na Yesu oyo boyokaki ete akoya mpe sasaipi azali kati na mokili."

Bomeka Molimo nioso Soki to te Ezali Ya Nzambe

Ezali na milimo malamu na Nzambe ba oyo bakomema bino na lobiko ezali mpe na milimo mabe bakokosa bino mpo na libebi.

Na loboko mosusu, oyo apesami Molimo na Nzambe akondima ete Yesu Christu ayaka na mosuni. Akondima na Nzambe Misato, Yesu Christu, mpe milimo, nde abetami mokoloto na muana na Nzambe. Akoki kososola solo mpe kobika kolandana na solo na lisungi na Molimo Mosantu.

Na mloboko mosusu, oyo azali na molimo na motelemeli na Kristu akotelemela Yesu Christu na Liloba na Nzambe mpe akowangana Lisiko na Ye. Bosengeli kokeba mpe bokoka kososola motelemeli na Kristu mpo ete motelemeli asalaki mingi kati na bandimelana kosalelaka Liloba na Nzambe mabe.

Na nioso, kawangana Yesu ekeseni te na kobundisa Nzambe oyo Atinda Ye na mokili oyo.

Biblia ekebisi likolo na motelemeli na Kristu na 2 Yoane 1:7-8 lolenge boye:

Pamba te, bakosi mingi babimi kati na mokili, bango bakoyambola te ete Yesu Kristu Ayei na nzoto. Ye wana mokosi mpe motelemeli na Klisto. Bomitala bino mpenza ete bobungisa makambo masalaki bino mosala mpo Na yango Te, kasi ete bozua libonza litondi malamu.

Na 1 Yoane 2:19 ezali na kokebisa mosusu mpona biso:

Babimaki na kati na biso kasi bazalaki baton a biso te; mpo ete soki bazalaki baton a bison de basili koumela na biso elongo. Kasi ete bamonana ete nioso bazali baton a biso te."

Ezali na ndenge mibale na batelemeli na Kristu: moto oyo akangemi na molimona motelemeli mpe moto oyo akosami na molimo na motelemeli na Kristu.Bango mibale bamekaka kokweisa bato bisika nioso Molimo Mosantu Afandi. Bazali kokanga bato mpo na kotelemela Liloba na Nzambe mpe bakosa bango na makanisi na bango moko. Bato oyo makanisi na bango mizali mpenza kokambama na molimo na motelemeli na Kristu babengami "mokangemi nab a demona."

Soki mosali na Nzambe apesamela molimo na motelemeli Kristu, balingami kati egelesia bakokende o nzela na libebi na kokangama na molimo na motelemeli.

Lolenge Kani Kososola Milimo

1 Yoane 4:5-6 etangi ete, "Bango bazali baton a mokili; yango wana bakolobaka makambo na mokili mpe mokili ekoyokaka bango. Biso tozali bato na Nzambe. Ye oyo akoyebaka Nzambe akoyokaka biso. Ye oyo azali moto na Nzambe te akoyokaka biso te. Na nzela na yango tokososola milimo na makambo na solo mpe milimo na lipengwi..."

Nkombo kokosama elakisi litatoli nalokuta oyo azali solo te. Molimo na kokosama ezali molimo na mokili oyo ezali kokosa bino na kondimelaka oyo ezali solo te lokola ezalaki solo, mpe ekomema bino bolongwa na kondima. Boye, ye oyo azali ya Nzambe ayokaka Liloba na Solo, kasi ye oyo azali ya mokili ayokaka makambo na mokili elobaka solo te. Bongo, ezali pasi te pona kososola bango. Ekomonana na polele epai na bino soki ezali pole to molili soki boyebi solo. Bongo bokoki koloba ete, "Moto oyo azali kati na solo kasi ye wana azali kati na molili."

Ndakisa, soki moko akoloba na eyenga ete, "Tokende na picnic na sima ya zanga. Tika tokende na mayangani ya tongo kaka. Ezali yango malamu? To soki akomeka kobebisa Bokonzi na Nzambe nakosalaka maseki mpe nakokobaka na koloba ete andimela Nzambe, wana ezali misala na molimo na kokosa.

Bokoki kososola mingi na makambo oyo Nzambe Akopesa na bino soki boyambi Molimo na solo oyo Ewutaka na Nzambe

(1 Bakolinti 2:122). Tala tina Molimo Mosantu Afandaka kati na bino- muana moyuya na Nzambe. Azali Molimo na Solo mpe Akokamba bino na solo nioso. Amilobelaka Te; Alobaka kaka oyo Ayoki, mpe Akolobela bino nini esengeli kokoma.

Bongo Yesu Aloba na Yoane 14:17, "Ye Molimo na solo oyo bamokili bayebi koyamba Ye te pamba te bazali komona Ye te, mpe bazali koyeba Ye te, Bino nde bozali koyeba Ye, mpo ete Azali koumela kati na bino mpe Azali mpe epai na bino."

Lisusu 1 Bakolinti 2:10 etangi ete, "Nzambe Atalisi biso yango na Nzela na Molimo mpo ete Molimo akoluka-luka mozindo na Nzambe." Lolenge ekomama, Molimo Mosantu Azali Ye kaka nde Ayebi Mobimba mpe makanisi nioso na Nzambe.

Bongo ba oyo bayambi Molimo na solo bakolandaka Liloba na solo mpe bakotosaka yango. Namingi bokonzi mpe bosembo na Nzambe ekofungwama, bango mpe bakosepelaka mingi koleka. Batondisami na bomoi, na kolikiaka bokonzi na Likolo.

Kasi, basusu bakoya kaka na egelesia na esengo te mpo ete bazali na kondima na Nzambe te. Bazali naino ya mokili mpe bakolikia makambo na mokili lokola misolo mpe komisepelisa. Bongo, bakokoka kobika kati na solo te, kolikia bokonzi na Likolo, to kolinga Nzambe na motema mobimba.

Suka suka, bato oyo bakolongwa na Nzambe mpo na molimo na kokosa mpo ete bazali ya mokili mpe bazali na Molimo na solo te. Lisusu, soki moto akokosela to akotonga bandeko na bango na kondima to bakotungisa basusuto kozala na zua, mpo na posa na kozala sembo mpo na bokonzi na Nzambe mpe Bosembo na yango, azali ya Molimo na Solo te.

Tika ete Moko Te Amema Bino Mosika

1 Yoane 3:7 esengi na biso boye: "Bana tika te ete moto apengola bino. Ye oyo akosalaka boyengebene azali moyengebene lolenge moko na ye oyo azali moyengebene." Bosengeli te kolongwa na Liloba na Nzambe mpo ete bokosama na mayebi na lokuta te mpo ete eloko moko te kaka liloba na Nzambe nde ekoki kotangisa bino. Kaka wana nde, bokoki kozwa lobiko ya kokoka, bofuluka na mokili oyo, mpe bosepela bomoi na seko na Bokonzi na likolo.

Kasi, zabolo asalaka makasi mpo na kotelemela bana na Nzambe na kobika Liloba na Nzambe, mpe akitisa bino na nse na makambo na mokili, alongola bino na Nzambe, kobeta Ye tembe, mpe kotelemela Ye. Na Petelo 5:8 elobi ete, "Bomisenjela bolala mpongi te; motelemeli na bino, zabolo, azali kotambola lokola kosi akonguluma, koluka soko akolia nani."

Lolenge nini moyini zabolo na Satana bakoki kokosa bana na Nzambe? Bokoki kotalisa yango na muasi oyo amekami na mobali. Soki muasi amikambi na ngolu mpe dignite, mpe akomitambwisa malamu, mobali akoki te komeka ye. Kasi, mobali akoki komeka na pete ye oyo azali komikamba malamu te. Lolenge moko zabolo amekaka bato oyo mpo ete balongwa na Nzambe batelemela Ye mpe na suka komema bango na nzela na kufa. Ewa amekamaki mpe lokola na zabolo mpo ete akitisaki ekenge na ye na kobalola Liloba na Nzambe.

Ya solo, bokoki kokutana na mimekano ata soki bozali na mbeba te. Yango ezali mpo ete Nzambe alingi kopambola bino lolenge bokoki komona na komekama na Daniele ya kobwakama na libulu na kosi to Abalayama kopesa muana na ye mbekana moto.

Tango bokutani na momekano to pasi mpo ete botelema ngwi na solo te, bosengeli kobaluka mbala moko na masumu na bino na tubela, bobengana mimekano nioso na Liloba na Nzambe, mpe bomeka oyo esengeli mpona kofanda makasi na libanga na solo.

Bofanda Makasi Kati Na Solo; Bakosa Bino Te

Yango elobeli ba tango na sima bisika wapi bato misusu ba oyo bakolobaka ete bazali na kondima bakolongwa na bondimi na bango na kolandaka milimo na lokuta mpe makambo malaki milimo mabe. Bakeisami bazali baton a kuku ata soki misala na bango mimonani lokola sembompe malamu. Babondelaka liboso na basusu, mpe bakomeka kozala sembo mpona mbongo, kasi mpo na ngolu na Nzambe te. Na suka, bakotika kondima na bango mpe bakokende o nzela na kufa mpo ete mitema na bango mitiama elembo na ebende na moto mona kokosa, kobikaka na kozanga solo, mpe komema bisengo na mokili.

Nzambe Akebisi bino na nzela na Biblia bomikosa te. Yesu Akebisi bison a Matai 7:15-16:"Bokeba mpona basakoli na lokuta ba oyo bakoya liboso na bino na bilamba na mpate nde kati kati bazali nkoi na kongala. Bokoyeba bango mpo na mbuma na bango. Bakozwa mbuma na miwiti epai na nzube, soko mbuma na misuke epai na matiti pamba?

Maloba mpe misala na moto etalisaka makanisi mpe posa na ye. Yango, bokoki koyeba baton a mbuma na bango. Soki moto azali na mbuma na mabe lokola koyina, zua mpe likunia bisika na mbuma na solo, bolamu, mpe bosembo, azali mosakoli na lokuta.

Basakoli mingi ya lokuta, motelemeli na Kristu, bazali kati na mokili oyo. Bongo, bana na Nzambe basengeli kozala na bososoli malamu mpo na lipengwi, mpe kososola kati na molimo na solo mpe na kokosa.

Moyini zabolo na Satana bazangisaka te libaku ya kokweisa bana na Nzambe mpe kosumukisa bango tango nioso bakomi mosika na solo. Tango bozali ngwi kati na solo mpe bozali kotosa yango, bokokweisama ten a molimo na kokosa, kasi bikokeisa yango na pete ata soki epusani pene na bino.

Bosengeli te kondima to kokota na malakisi mosusu to bokeisama na yango, maye mikotelemela solo. Kasi, botosa Liloba na Nzambe mpe bolanda posa na Molimo Mosantu mpo ete bozala na makasi mpe na mbeba moko ten a boyei na mibale ya Nkolo Yesu Christu.

Yesu Alobeli biso ete: "Moto malamu abimisaka makambo malamu uta na ebombelo malamu na ye mpe moto mabe akobimisa makambo mabe uta na ebombelo na ye mabe. Nazali koloba na bino ete na mokolo na kosamba, bato bakosamba mpona bilobaloba nioso bizali bango koloba; mpo ete maloba nay o makolongisa yo mpe maloba maloba nay o makokitisa yo." (Matai 12:35-37).

Moto malamu azali na motema malamu mpe akoki te

komema mabe mpe kosala ba mosusu mabe, na kotalaka te soki likambo ezali malamu mpo na ye to te.

Kasi, moto mabe akoki te kosepeka na solo. Akomema mabe na lolenge nioso mpona kokweisa basusu longwa na likunya mpe zua na ye. Ata soki maloba ma ye emonani lokola sembo mpe malamu, bokoki te koloba ete azali moto malamu soki abandi koloba mabe na basusu to kotutisa bato moto.

Bongo, bosengeli tango nioso kobondela mpe kosenjela mpo ete bokeisama te. Bosengeli kososola soki ezali molimo na solo to te mpe kokatela basusu soko moke te. Lisusu, bosengeli kofanda na kondima na Nzambe Misato- Tata, Muana, Elimo, kondimela Bibliamobimba, mpe kotosa mpe kobika na yango.

"Yaka, Nkolo Yesu!

Mokomi:
Dr. Jaerock Lee

Dr. Jaerock Lee abotama na Mua, Province ya Jeonnam, Republique ya Coree na 1943. Tango azalaki na ba mbula zomi na ye, DR. Lee anyokwamaki na ba maladi mingi oyo ezanga kisi mpo na ba mbula sambo mpe azelaki kufa na elikya moko ya lobiko te. Kasi mokolo moko na tango liboso na tango ya molunge makasi na mbula 1974 amemanaki na egelesia epai na yaya na ye ya muasi mpe tango afukamaki mpona kobondela, Nzambe na bomoi abikisaki ye na bokono nioso na mbala moko.

Wuta tango akutanaka na Nzambe na bomoi longwa na likambo wana, DR. Lee alinga Nzambe na motema na ye mobimba mpe ya solo, mpe na 1978 abiangamaki kozala mosali na Nzambe. Abondelaki makasi na kokila mbala na mbala mpo ete akoka kososola malamu mokano na Nzambe, akokisa yango nioso mpe atosa Liloba na Nzambe. Na 198, abandaki Egelesia Manmin Central na Seoul, Coree, mpe misala ebele na Nzambe, kobakisa misala mingi na bikamwa na Nzambe, bilembompe bikamwiseli, misalama na lingomba oyo kino lelo.

Na 1986, Dr. Lee akomisamaka Pasteur na Mbula ya Lisanga na Yesu' Egelesia Sungkyul ya Coree, mpe mbula minei na sima na mbula 1990, mateya na ye mibandaki koteyama na Australie, Rusia, mpe Philippines. Na sima tango moke ba mboka mingi ebandaki kolanda ye na nzela na Company Diffusion ya Far Est, Station ya redifusion na Asia, mpe Radio System na BaKristu ya Washington.

Sima na mbula misato, na 1993, Egelesia Manmin eponamaki kati nab a Egelesia 50 eleki na Mokili na magazine ya mokili na BaKristu (America) mpe azwaki Doctorat Honnorus mpona bo Nzambe na College ya BaKristu na Kondima, na Floride, America,mpe na 1996 Azwaki Doctorat na Ministere na Kigsway Seminaire ya Theologie, na Iowa, mboka America.

Wuta 1993, Dr. Lee abanda kopanza sango malamu na mokili mobimba o nzela ya ba croisades ebele na Tanzania, Argentina, Los Angeles, engomba Baltimore, Hawai, mpe engomba New York na mboka America.
Uganda, Japon, Pakistan, Kenya, Philippines, Honduras, India, Russie, Allemagne, Peru, Republique Democratique ya Congo, Yisalele mpe Estonie..

Na 2002 andimamaki lokola "momemi reveil na mokili mobimba" mpona mosala na ye nab a croisade ebele na mokili na ba christu bapanzi sango minene ya lokasa na

Coree. Mingi mingi croisade na ye ya engomba New York na 2006 asalemaka na Madison Square Garden, bisika ekenda sango na koleka na mokili. Milulu mitalisamaki na bikolo 220, mpe na crosade na ye ya Yisalele na 2009', esalemaka na Centre de convention International (ICC0 na engomba na Yelusalema atatolaki ete Yesu Christu azali Mesia mpe Mobikisi.

Mateya na ye elekaka na bikolo 176 o nzela ya satellite kosangisa GCN TV mpe batangaki ye lokola moko na bakambi na BaKristu oyo bakende sango na mbula 2009 mpe 2010 na magazine ya sango na BaKristu na Rusia na kombo In Victory mpe sango na Telegraph na Bakristu mpona Mateya na Ye o nzela ya bitando mpe misala na ye ya Pasteur na bikolo na ba paya.

Kobanda Mai na mbula 2013, Egelesia Central Manmin azali na lingomba na bato koleka 120,000. Ezali nab a branch 10,000 na mokili mobimba elongo nab a branches 56 na ekolo oyo, mpe ba misionaire koleka 129 batindama nab a mboka 23, oyo ezali mboka America, Rusia, Allemagne, Canada, Chine, France, Inde, Kenya, mpe mingi koleka.

Na tango ya kobimisa buku oyo Dr. Lee akomi ba buku 85, elongo na babuku ekenda sango lokola Meka bom oi na seko liboso na kufa, Bomoi na ngai Bondimi na ngai I & II, Sango ya Ekulusu, Bitape kati na kondima, Lola I & II, Lifelo, Lamuka, Yisalele!, mpe Nguya na Nzambe. Misala ma ye ekomama na minoko koleka 75.

Milongo na makomi na ye mibimaka na: Hankook Ilbo, Joong Ang daily, Chosun Ilbo, Dong-A Ilbo, Munhwa Ilbo, Seoul Shinmun, Kyunghyang Shinmun, Econimie Journaliere ya Coree, Herald ya Coree, Ba Sango ya Shisa, mpe Presse Chretienne.

Dr. Lee azali mokambi na masanga mpe association mingi ya ba Missionaire. Ba Pete na ye esangisi eye: Mokambi, Masanga na Egelesia ya Sanctification na Yesu Christu; President, Manmin Mission ya Mokili mobimba; President Permanent, Lisanga ya Mission ya Reveil Chretien na mokili mobimba; Fondateur & Mokambi ya conseil d'Administration, ya Reseau Chretien na Mokili mobimba (GCN); Fondateur & Mokonzi ya Conseil D'Administration, na Seminaire international ya Manmin (MIS).

Other powerful books by the same author

Heaven I & II

A detailed sketch of the gorgeous living environment the heavenly citizens enjoy and beautiful description of different levels of heavenly kingdoms.

The Message of the Cross

A powerful awakening message for all the people who are spiritually asleep In this book you will find the reason Jesus is the only Savior and the true love of God.

Hell

An earnest message to all mankind from God, who wishes not even one soul to fall into the depths of hell! You will discover the never-before-revealed account of the cruel reality of the Lower Grave and hell.

Tasting Eternal Life Before Death

A testimonial memoirs of Dr. Jaerock Lee, who was born gain and saved from the valley of death and has been leading an exemplary Christian life.

The Measure of Faith

What kind of a dwelling place, crown and reward are prepared for you in heaven? This book provides with wisdom and guidance for you to measure your faith and cultivate the best and most mature faith.

www.urimbooks.com

www.ingramcontent.com/pod-product-compliance
Lightning Source LLC
LaVergne TN
LVHW021759060526
838201LV00058B/3166